生徒指導学研究

第17号

〈特集〉
新学習指導要領と生徒指導

『生徒指導学研究』第 17 号・目次

特集◆新学習指導要領と生徒指導

特集の趣旨 --- 新井　肇　6

新学習指導要領における学習指導と生徒指導の融合 ---------------------------- 住野　好久　8

「特別の教科 道徳」と「生徒指導」--- 七條　正典　15

みんなから愛される学校づくり～魅力ある学校づくりを中心として～ ----------- 難波　邦彦　23

研究論文

教師の指導態度、学級集団構造、親の養育態度が児童の共感性に及ぼす影響
--- 塚本　伸一／岸　竜馬　32

学校長の心理的特性が教師へのラインケアに及ぼす影響
　──主観的幸福感及びレジリエンスに着目して── ----------- 楠本　奈緒子／吉井　健治　41

小学校教師の困難を支える援助体制の構築
　──グランデッド・セオリー・アプローチによる仮説モデルの生成── ----- 小沼　豊　52

3

書評・資料紹介

◆書評

藤平敦　著
『若手教員の力を引き出す　研修でつかえる生徒指導事例50』-------------------- 梅澤　秀監　66

◆資料紹介

相馬誠一・伊藤美奈子　総監修
『いのちと死の授業』DVD全6巻 -- 新井　立夫　70

学会会務報告　他

1. 日本生徒指導学会活動報告(2017年11月〜)-- 74
　　　　第33・34回常任理事会／第18回年次大会／機関誌編集委員会／
　　　　機関誌常任編集委員会
2. 日本生徒指導学会会則 -- 80
3. 日本生徒指導学会役員選挙規程 -- 83
4. 日本生徒指導学会役員 -- 84
5. 日本生徒指導学会機関誌編集委員会関係-- 85

編集後記 -- 88

特集◆新学習指導要領と生徒指導

特集の趣旨

新井　肇 (機関誌編集委員長・関西外国語大学)

　学習指導要領は、ほぼ10年ごとに改訂されることになっており、今回もそのサイクルに準じて改定が行われた。2017年3月に小学校・中学校版が、同年4月に特別支援学校版が、2018年3月に高等学校版が告示され、それぞれ、小学校は2020年度、中学校は2021年度、高等学校は2022年度から（特別支援学校は各部の校種に準じて）実施されることになっている。

　具体的な改訂内容は校種ごとに異なるが、どの校種にも共通しているのは、「社会に開かれた教育課程」という方向性が示された点である。「社会に開かれた教育課程」とは、「よりよい学校教育を通じてよりよい社会を創るという目標を学校と社会とが共有し、それぞれの学校において、必要な教育内容をどのように学び、どのような資質・能力を身に付けられるようにするのかを明確にしながら、社会との連携・協働によりその実現を図っていく」（『新学習指導要領』前文，2017）ことを意味する。今回の改訂では、「予測困難な時代だからこそ、各人が持続可能な社会の担い手として新たな価値を生みだしていかねばならない」（中央教育審議会答申『幼稚園、小学校、中学校、高等学校及び特別支援学校の学習指導要領等の改善及び必要な方策等について』，2016）という現状認識に立って、「変化する社会」を見据えながら教育課程を編成し、「変化する社会」と結び付けながら教育活動を進めていくことが目指されている。

　新学習指導要領では、「社会に開かれた教育課程」を実現するために、育成を目指す資質能力を①知識・技能：「何を理解しているか、何ができるか」、②思考力・判断力・表現力等：「理解していること・できることをどう使うか」、③学びに向かう人間性等：「どのように社会・世界と関わり、よりよい人生を送るか」という3つの柱で整理している。

　また、学習指導要領は本来「児童生徒が何を学ぶか」という基準を示すものであるが、今回の改訂では、「どのように学ぶか」という視点が強調されているところに大きな特色がある。具体的には、「主体的・対話的で深い学び」による授業改善を図っていくことが、各校種の学習指導要領の「総則」に示されている。

　中央教育審議会答申（2016）によれば、「主体的な学び」について、「学ぶことに興味や関心を持ち、自己のキャリア形成の方向性と関連付けながら、見通しを持って粘り強く取り組み、自己の学習活動を振り返って次につなげる「主体的な学び」が実現できているか」と説明されている。「対話的な学び」ついては、「子供同士の協働、教職員や地域の人との対話、先哲の考え方を手掛かりに考えること等を通じ、自己の考えを広げ深める「対話的な学び」が実現できているか」、また、「深い学び」については、「習得・活用・探究という学びの過程の中で、各教科等の特質に応じた「見方・考え方」を働かせながら、知識を相互に関連付けてより深く理解したり、情報を精査して考えを形

成したり、問題を見いだして解決策を考えたり、思いや考えを基に創造したりすることに向かう「深い学び」が実現できているか」、と説明されている。

以上の点から、新学習指導要領の重要なテーマは、「何を知っているか」だけでなく、その知識を使って「どのように問題解決を成し遂げるか」までを学力と見なす「学力観の拡張」という点に見いだすことができる。このような社会に生きる学力こそが、『生徒指導提要』（文部科学省，2010）において生徒指導の重要な目標として示された「社会的リテラシー」と重なるものにほかならないであろう。

今後、生徒指導を、授業規律を徹底する等の「授業を成立させるための機能」という側面から捉えるだけではなく、教科学習の中で自己の生き方を問う等の「授業に内在化した機能」という側面からも捉えることが求められる。例えば、「どのように社会・世界と関わり、よりよい人生を送るか」という「学びに向かう人間性」という資質・能力を育むには、生徒指導を授業の中にどのように練り込んでいくかという視点が不可欠であると思われる。そうであるがゆえに、『中学校学習指導要領解説』（2017）においても、「生徒が、自己の存在感を実感しながら、よりよい人間関係を形成し、有意義で充実した学校生活を送る中で、現在及び将来における自己実現を図っていくことができるよう、生徒理解を深め、学習指導と関連付けながら、生徒指導の充実を図ること」（下線は筆者）が目指されているのである。

そこで、生徒指導学研究第17号においては、新学習指導要領のもとでの「学力観」をめぐる大きな転換の中で生徒指導および関連諸領域（道徳や特別活動等）はどのような役割を果たすことができるのか、また、3つの「資質・能力」の育成を目指す上で生徒指導の機能はどう発揮されるのか、さらに「社会に開かれた教育課程」を実現するために、生徒指導学会としてどのような貢献が可能なのか、という点について明らかにするために、『新学習指導要領と生徒指導』という特集テーマを設定することにした。

中国学園大学の住野好久氏からは、『新学習指導要領における学習指導と生徒指導の融合』と題し、新学習指導要領が提起している「主体的・対話的で深い学び」の視点を踏まえた学習指導と生徒指導との関係について解説していただき、両者を学校の教育活動全体を通じて融合させるための方向性と課題についての貴重なご示唆をいただいた。

高松大学の七條正典氏からは、『「特別の教科 道徳」と「生徒指導」』と題し、これまでの「道徳の時間」が新学習指導要領において「特別の教科 道徳」として新たに教育課程に位置づけられた背景と意義、道徳教育改善の方策と今後の課題、さらには、生徒指導に生きて働く道徳教育を推進するための具体的な方向性について詳細に論じていただいた。

岡山市立操山中学校校長の難波邦彦氏からは、『皆から愛される学校づくり～魅力ある学校づくりを中心として～』と題し、国立教育政策研究所の「魅力ある学校づくり調査研究事業」の指定を受けたことを契機に実践した包括的な生徒指導・支援としての「新たな不登校を生まない取組」と「問題行動の減少を目指した取組」の具体的なプロセスについて報告していただくとともに、取組の成果および課題を新学習指導要領の観点から論考していただいた。

今回の特集論文が、新学習指導要領のもとでの生徒指導の方向性と課題を明らかにし、具体的実践及び理論的研究の発展に資することを期待するとともに、今後の生徒指導の推進につながることを願っている。

| 特集 | 新学習指導要領と生徒指導 |

新学習指導要領における
学習指導と生徒指導の融合

Combination of learning guidance and student guidance in the new course of study

住野好久 (中国学園大学・中国短期大学)

1. 新学習指導要領における生徒指導

新学習指導要領は「生徒の発達を支える指導の充実」のために、「自己の存在感を実感しながら、よりよい人間関係を形成し、有意義で充実した学校生活を送る中で、現在及び将来における自己実現を図っていく」生徒指導を、学校の教育活動全体を通じて、学習指導とも関連づけながら充実させることを求めている[1]。

この内容は、『生徒指導提要』(2010)において「一人一人の児童生徒の人格を尊重し、個性の伸長を図りながら、社会的資質や行動力を高めることを目指して行われる教育活動」[2]と再定義された生徒指導を、単に教師と生徒、生徒相互の人間関係づくりのための教育活動に止めず、「自己の存在感」を伴い、「自己実現」に向かっていく社会的資質や行動力の育成を目指して実践することを求めるものである。

このような提起は、生徒指導を特定の教育活動ととらえるのではなく、あらゆる教育活動に浸透し、「自己の存在感」を伴い、「自己実現」に向かっていく社会的資質や行動力の育成を図る「機能」としてとらえることを強調するものでもある。つまり、生徒指導は学習指導と切り離されて実践される教育活動ではなく、学習指導と関連付けられ、学校の教育活動全体を通じて両者を融合させて実践することが求められているのである。

2. 新学習指導要領における学習指導

新学習指導要領は学習指導について、「基礎的・基本的な知識及び技能を確実に習得させ、これらを活用して課題を解決するために必要な思考力、判断力、表現力等を育むとともに、主体的に学習に取り組む態度を養い、個性を生かし多様な人々との協働を促す教育の充実」に努め、「主体的・対話的で深い学びの実現に向けた授業改善を通して、創意工夫を生かした特色ある教育活動を展開する」ことを求めている[3]。そして、「総則」に新設された「教育課程の実施と学習評価」という項に「主体的・対話的で深い学びの実現に向けた授業改善」について詳述している。すなわち、「各教科・科目等において身に付けた知識及び技能を活用」したり、「思考力、判断力、表現力等や学びに向かう力、人間性等を発揮させたりして、学習の対象となる物事を捉え思考すること」により、「各教科・科目等の特質に応じた物事を捉える視点や考え方(以下、「見方・考え方」という)」を鍛え、その「各教科・科目等の特質に応じた見方・考え方を働かせながら、知識を相互に関連付けてより深く理解したり、情報を精査して考えを形成したり、問題を見いだして解決策を考えたり、思いや考えを基に創造したりすることに向かう過程を重視した学習の充実を図ること」を求めている[4]。

これまでの学習指導要領は、学習指導の要領（要点・うまく処理する方法）と名付けられてはいるが、各教科等の目標・内容を示すことが中心となっていた。このように学習指導要領において学習指導について詳細に提起されたのは、学習指導要領が教育課程の基準として告示される以前の1947（昭和22）年に公示された「学習指導要領一般編（試案）」以来であると言える。この「学習指導要領一般編（試案）」は、「これまでの教育では、その内容を中央できめると、それをどんなところでも、どんな児童にも一様にあてはめて行こうとした。だからどうしてもいわゆる画一的になって、教育の実際の場での創意や工夫がなされる余地がなかった。このようなことは、教育の実際にいろいろな不合理をもたらし、教育の生気をそぐようなことになった。」と指摘した上で、「直接に児童に接してその育成の任に当たる教師は、よくそれぞれの地域の社会の特性を見てとり、児童を知って、たえず教育の内容についても、方法についても工夫をこらして、これを適切なものにして、教育の目的を達するように努めなくてはなるまい。」と提起した。そして、「学習の指導は、もちろん、それによって人類が過去幾千年かの努力で作りあげて来た知識や技能を、わからせることが一つの課題であるにしても、それだけでその目的を達したとはいわれない。児童や青年は、現在ならびに将来の生活に起る、いろいろな問題を適切に解決して行かなければならない。そのような生活を営む力が、またここで養われなくてはならないのである。」と指摘し、具体的な学習指導の方法を提示している[5]。

新学習指導要領と「学習指導要領一般編（試案）」が学習指導について詳述しているのは、他の学習指導要領と比べて、各教科等の内容を詳細に示すことを重視していないからではないか。「学習指導要領一般編（試案）」は各教科等の内容に基準性がなかった時代のものであり、新学習指導要領は「資質・能力」の育成が強調されている。そして、いずれの学習指導要領も、

各教科等の内容を習得させることより、現在及び将来の社会を生きるために必要な資質・能力の育成が強調され、そのためには主体的な学習活動を引き出す学習指導が必要であることを強調している。

新学習指導要領における資質・能力の育成の強調は「コンテンツベースからコンピテンシーベースへのパラダイム転換」と特徴づけられることがある。知識習得を目指した教科内容の提示を中心としたコンテンツ（内容）ベースの学習指導要領から、21世紀を生きる力として求められる資質・能力の育成を中心としたコンピテンシー（能力）ベースの学習指導要領への転換という意味である。

こうした議論は「育成すべき資質・能力を踏まえた教育目標・内容と評価の在り方に関する検討会―論点整理―」が「諸外国におけるコンピテンシーに基づく教育改革の潮流」を紹介し、我が国でも育成すべき資質・能力を明確にした学習指導要領にすることを提起したことで活発になった[6]。この中で参照されている国立教育政策研究所による諸外国の教育課程改革の調査研究[7]では、獲得すべきキーコンピテンシーに基づいて教育課程の基準を示すオーストラリアやドイツの事例が紹介されている。それに対して新学習指導要領は、あくまでも既存教科の内容習得を前提とした資質・能力の育成を求めるものである。つまり、教科内容の習得に向けて学習活動する過程で資質・能力の育成を図ることが目指されている。そして、資質・能力を育成できる学習活動として「主体的・対話的で、深い学び」が提示され、その学びをつくりだす授業改善が提起されている。

3.「主体的・対話的で深い学び」の実現に向けた授業改善

新学習指導要領のもととなった中央教育審議会答申は「主体的・対話的で、深い学び」の実現のために以下の視点に立った授業改善を行うこと、そうすることで学校教育における質の高

い学びを実現し、学習内容を深く理解し、資質・能力を身に付け、生涯にわたって能動的（アクティブ）に学び続けるように教育することを提起した[8]。

---

①学ぶことに興味や関心を持ち、自己のキャリア形成の方向性と関連付けながら、見通しを持って粘り強く取り組み、自己の学習活動を振り返って次につなげる「主体的な学び」が実現できているか。

　子供自身が興味を持って積極的に取り組むとともに、学習活動を自ら振り返り意味付けたり、身に付いた資質・能力を自覚したり、共有したりすることが重要である。

②子供同士の協働、教職員や地域の人との対話、先哲の考え方を手掛かりに考えること等を通じ、自己の考えを広げ深める「対話的な学び」が実現できているか。

　身に付けた知識や技能を定着させるとともに、物事の多面的で深い理解に至るためには、多様な表現を通じて、教職員と子供や、子供同士が対話し、それによって思考を広げ深めていくことが求められる。

③習得・活用・探究という学びの過程の中で、各教科等の特質に応じた「見方・考え方」を働かせながら、知識を相互に関連付けてより深く理解したり、情報を精査して考えを形成したり、問題を見いだして解決策を考えたり、思いや考えを基に創造したりすることに向かう「深い学び」が実現できているか。

　子供たちが、各教科等の学びの過程の中で、身に付けた資質・能力の三つの柱を活用・発揮しながら物事を捉え思考することを通じて、資質・能力がさらに伸ばされたり、新たな資質・能力が育まれたりしていくことが重要である。教員はこの中で、教える場面と、子供たちに思考・判断・表現させる場面を効果的に設計し関連させながら指導していくことが求められる。

⑴　「主体的な学び」

　この中教審答申の中で「主体的な学び」の3要素が示されている。すなわち、「学ぶことへの興味・関心」「自己のキャリア形成と関連付けられた見通しと粘り強さ」「自己の学習活動の振り返りによる学びの継続・発展」である。

　主体的な学びは「学ぶことへの興味・関心」を持つ学びであるということは、単に興味深い教材・教具によって動機づけられることではなく、考えたり、課題を探究したり、議論したりすることを通して、新たな気づきを得たり課題の解決や知識の習得に至る過程を楽しむこと、すなわち、学ぶことそのものに興味・関心を持って意欲的に取り組むことのできる「学習観」を土台として学ぶことである。

　また、主体的な学びは「自己のキャリア形成と関連付けられた見通しと粘り強さ」のある学びであるということは、現在及び将来において自己実現するためには学び続けることが必要であるという学ぶことの意義や目的を明確に持って学ぶことであり、与えられた見通しではなく、自ら立てた見通しを持って粘り強く自己調整的に学び続けることである。

　さらに、主体的な学びにおいて「学習活動を自ら振り返り意味付けたり、身に付いた資質・能力を自覚したり、共有したりすることが重要である」ということは、自らの学びをメタ認知し、何がわかるようになったか・何ができるようになったのかを自己評価し、次の学びに向けた自己課題を明らかにする振り返りのある学びのことである。その際、振り返りの過程を「共有」することも提起されている。

　2つ目の要素にある「見通し」と3つ目の要素にある「振り返り」は、2008（平成20）年版学習指導要領において「教育課程実施上の配慮事項」に挙げられた「見通しを立てたり、振り返ったりする学習活動の重視」[9]と重なるものである。この事項が位置づけられて以降、授業の冒頭に「めあて」を示し、授業の最後に「振り返り」を行うことが、授業展開の型として広

特集　新学習指導要領と生徒指導

がっていった。「主体的な学び」の提起は、「めあて」と「振り返り」のあり方の転換を求めるものであるといえる。すなわち、教師が示した「めあて」に基づいて「見通し」を持たせることではなく、「自己のキャリア形成に関連付けられた見通し」を各自が立てられるように、本時の授業（単元）を学ぶことの意味や価値を各自のキャリア形成と結び付けて自覚するよう促すことが求められる。そして、「振り返り」では単に授業の感想を言わせるのではなく、各自の「めあて」に向けての学びになっていたのかを自己評価するとともに、それぞれの学びの成果と課題を学習集団で共有する場を設定することが求められる。

⑵　対話的な学び

　この中教審答申の中で「対話的な学び」は3種類の対話の形態をとることによって思考を広げ深めていくこととされている。すなわち、「子供同士の協働」「教職員や地域の人との対話」「先哲の考え方を手掛かりに考えること」である。

　子ども同士の対話的な学びは「協働」とされている。つまり、単に対話することではなく、対話をしながら共有する目標の達成や課題の解決のために力を合わせて学ぶことが求められている。

　それに対して教職員との間は、地域の人と並んで「対話」と表記されている。教職員は子ども同士の協働の外側にいて、協働を促進することで思考を広げ深めていく対話者という位置づけである。

　また、「対話的な学び」に「先哲の考え方を手掛かりに考えること」を位置づけているということは、相対して言語表現を媒介にしたコミュニケーション活動を行うことだけを対話的な学びとしていないということである。文章等を通じて先哲（昔のすぐれた思想家・学者）の考え方に出会い、それを読み深める過程で筆者である先哲に「何を主張したいのか」「どうして

そう考えたのか」を問いかけ、自身の考えをぶつけながら、自分の中の思考を広げ深めていくような学びもまた対話的な学びとしている。このことは、先哲の考えや考え方を無批判に受容したり、機械的に応用したりするのではなく、その内容を批判的に吟味し、その有効性を自ら検証し、その価値をじっくり味わうような対話的な学びを求めているということである。

⑶　深い学び

　この中教審答申の中で「深い学び」の3条件が示されている。すなわち、「習得・活用・探究という学びの過程」を必要とすること、「各教科等の特質に応じた『見方・考え方』を働かせ」ること、「知識を相互に関連付けてより深く理解したり、情報を精査して考えを形成したり、問題を見いだして解決策を考えたり、思いや考えを基に創造したりすることに向かう」ことである。

　「深い学び」は、まず、前の学習指導要領が提起した、基礎的・基本的知識・技能を習得し、それらを思考力・判断力・表現力等を発揮することで関連づけ、活用することで課題を探究する学びの過程[10]を前提としている。習得した基礎的・基本的知識・技能を活用して思考力・判断力・表現力を発揮する際に、「各教科等の特質に応じた『見方・考え方』を働かせ」るところに、新学習指導要領の新たな提起がある。さらに、2008年版学習指導要領では、探究活動は「総合的な学習の時間を中心として行われる、教科等の枠を超えた横断的・総合的な課題」に取り組む際に求められていた[11]が、新学習指導要領ではすべての教科等における学習活動において各教科等の特質に応じた「見方・考え方」を働かせて探究活動に取り組む深い学びが求められている。

　「見方・考え方」とは「どのような視点で物事を捉え、どのような考え方で思考していくのか」[12]という物事を捉える視点や考え方であるが、「見方・考え方」には各教科の学びの特質

11

が表れる。教科の土台となっている諸科学には、独自の対象認識の視点や方法があるからである。深い学びにおいては、各教科等の内容を習得するだけではなく、各教科等の特質に応じた「見方・考え方」、すなわち、学びを深めるための方法を身につけ、使いこなすことができるようになることが求められている。そして、「社会に開かれた教育課程」を通じて、この「見方・考え方」は各教科等の学習の中で働くだけではなく、生活や社会の中で活用されるものになることが目指されている。

　また、「深い学び」の具体的な姿として「知識を相互に関連付けてより深く理解」「情報を精査して考えを形成」「問題を見いだして解決策を考え」「思いや考えを基に創造」することがあげられている。「深い学び」は、新しい考えや解決策を生み出す、創造的な学びとして子どもたちに取り組まれる必要があるのである。

　このような「深い学び」は、「主体的な学び」「対話的な学び」と一体化されることで子どもの学びの過程に実現されるものである。1単位時間の授業だけではなく、単元や題材のまとまりの中で、これらの学びが子どもたちに実現されているか、実現されるような学習指導となっているかが確かめられる必要がある。

4. 新学習指導要領における学習指導と生徒指導の融合

　新学習指導要領が提起している「主体的・対話的で深い学び」の視点を踏まえた学習指導は、生徒指導と融合することを求めている。

(1)「学びに向かう力・人間性等」の育成と生徒指導

　第一に「主体的・対話的で深い学び」によって育成する資質・能力として「学びに向かう力・人間性等」が位置づけられたからである。「学びに向かう力・人間性等」については本稿では詳述しないが、学びを人生や社会に生かそうとする態度のことであり、「主体的に学習に

取り組む態度」「自己の感情や行動を統制する能力」「よりよい生活や人間関係を自主的に形成する態度」「多様性を尊重する態度」「互いのよさを生かして協働する力」「持続可能な社会づくりに向けた態度」「リーダーシップやチームワーク」「優しさや思いやり」などがその要素としてあげられている[13]。これらの「学びに向かう力・人間性等」には、主体性や感情統制力など自己に関する資質・能力、集団や人間関係に関する資質・能力、そして、よりよい生活や社会の形成に関する資質・能力があげられているが、これらは生徒指導を通じて育成することが求められている「自己の存在感」「よりよい人間関係」「現在及び将来における自己実現」と重なっている。

　つまり、「学びに向かう力・人間性等」を育成する学習指導は、同時に、生徒指導でもあるということである。学習指導の過程がそのまま生徒指導になるという両者の融合が求められているのである。

(2)「主体的・対話的で深い学び」を実現する学習指導と生徒指導

　第二に「主体的・対話的で深い学び」を実現するための学習指導が生徒指導の機能を発揮することが求められるからである。

　「主体的な学び」の実現には「子供自身が興味を持って積極的に取り組む」ことができ、「学習活動を自ら振り返り意味付けたり、身に付いた資質・能力を自覚したり、共有したりする」学習活動を指導することが提起されている。「子供自身が興味を持って積極的に取り組む」ためには、教師は自分の興味と子どもたちの興味とは異なることを前提とするとともに、一人ひとり異なる子どもたちの多様で個性的な興味・関心を把握し、尊重することが求められる。また、学習活動を振り返る中で「身に付いた資質・能力を自覚」することは、自己を見つめ、自己効力感や自己肯定感を高める契機となり、それを「共有」することは、お互いの学びの過

特集　新学習指導要領と生徒指導

程や成果を尊重しながら、それらを共有し合うことのできる人間関係を形成する過程となる。

「対話的な学び」の実現には、「多様な表現」を通じて「教職員と子供や、子供同士が対話」する学習活動を指導することが提起されている。子どもたちの「多様な表現」を引き出すには、子ども一人ひとりの「多様な表現」を引き出し、受容し、尊重することが求められる。仮にその表現の内容に間違いやつまずきが含まれていても、仮にその表現方法が言葉足らずで十分な論理性がなくても、自分の考えを表現したことが受け止められ、その考えが協働的な課題解決の過程の中に位置づけられるとき、子どもは「対話的な学び」に参加する意欲と自信を高めていく。そして、教師や他の子どもの言葉に耳を傾け、自分の言葉と他者の言葉を紡ぎ合わせていくとき「知識を相互に関連付け」、「情報を精査して考えを形成し」、「問題を見いだして解決策を考え」、「思いや考えを基に創造」したりする「深い学び」が実現していく。

このように、「主体的・対話的で深い学び」を実現する学習指導は生徒指導の機能を内在するものである。生徒指導の機能を内在化したとき、学習指導は「主体的・対話的で深い学び」を実現することができると言ってもよいだろう。

⑶　生徒指導における学習指導の充実

第三に各教科の授業外で取り組まれる生徒指導実践においても学習指導を機能させることが求められているからである。

本稿の冒頭に述べたように、新学習指導要領は「生徒の発達を支える指導の充実」のために、「自己の存在感を実感しながら、よりよい人間関係を形成し、有意義で充実した学校生活を送る中で、現在及び将来における自己実現を図っていく」生徒指導を、学校の教育活動全体を通じて、学習指導とも関連づけながら、充実させることを求めている。

生徒指導は、教科書を使用して意図的・計画的に学習指導が行われる各教科の授業の時間に

おいても、そして、特別活動や休み時間・放課後等の教科外の時間においても機能し、実践される。これまで、教科外の時間に行われる生徒指導は、学習指導とは切り離されて実践されることがほとんどであった。しかし、新学習指導要領においては、各教科の授業を通じて育成した資質・能力を「社会に開かれた教育課程」を通じて現在及び将来の生活や生き方に生かすこと、その際、「主体的・対話的で深い学び」を実現することによって各教科等の「見方・考え方」を獲得し、子どもたちが「人生において『見方・考え方』を自在に働かせられるように」[14]し、「特別活動における学級生活の諸問題の解決など」[15]にも生かされることを求めている。

例えば、学級集団の人間関係を「情報を精査して考えを形成」する深い学びによって客観的に分析し、「多様な表現を通じて、教職員と子供や、子供同士が対話」する学びと「問題を見いだして解決策を考え」る深い学びによって学級集団で取り組むべき課題を見いだし、解決していく生徒指導実践である。また、学級の子どもの人間関係をめぐるトラブルに対しても、なぜトラブルが生じたのかを「情報を精査して考えを形成」する深い学びによって客観的に分析し、「多様な表現を通じて、教職員と子供や、子供同士が対話」する学びと「問題を見いだして解決策を考え」る深い学びによってトラブルを解決し、よりよい人間関係を構築していくような生徒指導実践である

このように、教科外の生徒指導においても、学習指導を通じて育成した資質・能力を発揮させ、学校・学級生活における諸問題を解決するために子どもたちが「主体的・対話的で深い学び」を展開するような生徒指導が求められる。こうすることで、子どもたちは将来の社会生活における諸問題を解決していく過程を学び、それに必要な経験と資質・能力を向上させていくことができる。生徒指導もまた、学校に閉じたものではなく、社会に開かれた生徒指導として実践されることが求められるのである。

＜注及び文献＞

1）「中学校学習指導要領」2017年、25頁。

引用した記述は、小学校、中学校、高等学校いずれの新学習指導要領にもあるが、新学習指導要領からの引用は文部科学省のWEBサイトにある中学校学習指導要領の当該箇所を示すこととする。

（http://www.mext.go.jp/component/a_menu/education/micro_detail/__icsFiles/afieldfile/2018/05/07/1384661_5_4.pdf）

2）文部科学省『生徒指導提要』2010年、1頁。

（http://www.mext.go.jp/a_menu/shotou/seitoshidou/1404008.htm）

3）「中学校学習指導要領」前掲書、19頁。

4）同上書、23～24頁。

5）『学習指導要領一般編（試案）』1947年。

（https://www.nier.go.jp/guideline/s22ej/index.htm）

6）「育成すべき資質・能力を踏まえた教育目標・内容と評価の在り方に関する検討会—論点整理—」2014年。

（http://www.mext.go.jp/component/b_menu/shingi/toushin/__icsFiles/afieldfile/2014/07/22/1346335_02.pdf）

7）国立教育政策研究所「教育課程の編成に関する基礎的研究報告書5『社会の変化に対応する資質や能力を育成する教育課程編成の基本原理』2013年。

（https://www.nier.go.jp/kaihatsu/pdf/Houkokusho-5.pdf）

8）中央教育審議会「幼稚園、小学校、中学校、高等学校及び特別支援学校の学習指導要領等の改善及び必要な方策等について（答申）」2016年、49～50頁。

（http://www.mext.go.jp/b_menu/shingi/chukyo/chukyo0/toushin/__icsFiles/afieldfile/2017/01/10/1380902_0.pdf）

9）「中学校学習指導要領」（平成20年版）「第1章総則　第4　指導計画の作成等に当たって配慮すべき事項」。

（http://www.mext.go.jp/a_menu/shotou/new-cs/youryou/chu/sou.htm）

10）「中学校学習指導要領解説　総則編」2008年、4頁。

（http://www.mext.go.jp/component/a_menu/education/micro_detail/__icsFiles/afieldfile/2011/01/05/1234912_001.pdf）

11）同上。

12）前掲書8）、34頁。

13）同上書、30～31頁。

14）同上書、34頁。

15）同上書、50頁。

特集　新学習指導要領と生徒指導

| 特 集 | 新学習指導要領と生徒指導 |

「特別の教科 道徳」と「生徒指導」

"Special Subject Doutoku" and " Guidance and Counseling"

七條正典 (高松大学)

はじめに

　平成27年３月、学習指導要領の一部改正により、これまでの「道徳の時間」が「特別の教科 道徳」（道徳科）として新たに教育課程に位置付けられた。いわゆる道徳の「教科化」である。この「教科化」に至った背景として、教育再生実行会議（2013）において、まず、いじめ問題等への対策に向けて、道徳の教材の抜本的な充実や道徳の新たな枠組みによる教科化等、道徳教育の充実が提言されたことが挙げられる。加えて、道徳教育の充実に関する懇談会（2013）において、道徳教育の現状からさまざまな課題の存在が指摘され、それらの課題への対応に向けた道徳教育の抜本的改善が求められたことが挙げられる。

　特に、今回の道徳教育の改訂について、生徒指導との関連においては、いじめ問題への対応が大きなポイントとして挙げられる。しかし、「これまでの道徳の時間を要として学校の教育活動全体を通じて行うという道徳教育の基本的な考え方」は今後も引き継ぐということが明示されていることから、これからの道徳教育と生徒指導との関係についても、これまでと大きく変わるものではないと言えよう。そこで、本稿では、「特別の教科 道徳」成立の背景とその趣旨について概観した上で、これまでと変わらない道徳教育と生徒指導との関連についてあらた

めて確認する。そして、道徳教育について、今回の改訂で求められているいじめ問題等、生徒指導上の問題への改善の方向について述べる。その上で、いじめ問題等、生徒指導上の問題に生きて働く実効性ある道徳教育の具現化、つまり成長促進型生徒指導の実現のための道徳教育の推進の在り方について検討する。

1．「特別の教科 道徳」成立の背景とその趣旨

　今回の学習指導要領道徳の改訂において、これまでの「道徳の時間」が「特別の教科 道徳」と改められ、教科となった背景とその趣旨については、中央教育審議会答申（2014）「道徳に係る教育課程の改善等について」の「1．教育課程の改善の方向性」において説明されている。

　その一つは、人格の基盤となる「道徳性を育てることが道徳教育の使命」であり、道徳教育は、「自立した一人の人間として人生を他者とともによりよく生きる人格を形成することを目指すものとして」、今日的な課題（いじめ問題も含め）に対応していくための資質・能力の育成に向け、その役割を果たす必要性が明記されている点である。

　二つは、学校の教育目標に即して充実した指導を重ね、確固たる成果を上げている優れた取組がある一方で、「道徳教育の要である道徳の時間において、その特質を生かした授業が行われていない場合」や「発達の段階が上がるにつ

15

れ、授業に対する児童生徒の受け止めがよくない状況」があること、「学校や教員によって指導の格差が大きい」ことなど、多くの課題が指摘されていることに触れ、その実施においていまだ不十分な状況にあり、早急に改善に取り組む必要性を指摘している点である。

さらに、課題については以上のことに加え、中教審への諮問理由には、「歴史的な経緯に影響され、いまだに道徳教育そのものを忌避しがちな風潮がある」ことや「教育関係者にその理念が十分に理解されておらず、効果的な指導方法も共有されていない」ことなども指摘されている。

つまり、昭和33年に「道徳の時間」が特設されて、60年近くを経たにもかかわらず、その実施において依然として多くの課題を抱え、その充実発展というにはいまだ不十分な状況にあるとの指摘がなされている。特に、その実施において学校間・教師間格差が見られ、全国の児童生徒にとって、一律に充実した道徳教育が受けられているとは言い難い状況にあるのが現実である。そして、いまだに十分な教材もなく「道徳の時間」を実施している学校、あるいは実施しているとすら言えない学校も見られる。確かに文部科学省（2012）による道徳教育実施状況調査では、小学校35.7時間、中学校35.1時間と標準授業時数35時間を上回る報告がなされている。しかし、永田（2010）ら東京学芸大学が実施した道徳教育に関する小・中学校教員を対象とした調査「実施状況に対する受け止め」では、「十分に行われていると思う」は小学校32.8％、中学校23.1％であり、「十分には行われていないと思う」は小学校66.9％、中学校76.6％という結果であった。およそ7割の教師が、平成20年の学習指導要領での実施に関して十分ではないと回答していることになる。このような状況からも、道徳教育の改善充実のためには、先に見た答申等において指摘された課題への改善の取組が必要不可欠であることがわかる。

また、平成10年の学習指導要領作成後、平成14年にすべての児童生徒に「心のノート」が作成配布された。その背景には、各学校・各学級における道徳教育の実施が実質的に十分行われていないという状況から、一人一人の児童生徒に道徳教育について自学自習が可能な教材を提供しようという意図があった。さらに、その「心のノート」を道徳の時間においてより活用されることを意図して作成された「私たちの道徳」が平成26年にすべての児童生徒に配布された。

しかし、このような指導資料が一人一人の児童生徒に手渡されたとしても、それらが十分活用されているか、あるいは「道徳の時間」のねらいに即した授業が実施されているかどうかが問題としてある。今回の道徳の教科化の趣旨は、これまで十分実施されてきたとは言い難い「道徳の時間」について、量的・質的充実が図られ実施されること、つまり、昭和33年に特設された「道徳の時間」を要とした道徳教育の実質化を図ることであると言えよう。

今回の改正学習指導要領において、道徳教育について教科化が図られた趣旨は、先に述べた道徳教育の現状や課題を踏まえ、「本来の道徳教育のねらいがより効果的に実現されるよう改善を図ること」であり、道徳教育の使命でも述べたように「道徳教育が期待される役割を十分に果たすことができるようにすること」（中央教育審議会答申、2014）である。つまり、道徳の時間を教育課程上「特別の教科 道徳」として新たに位置づけ、その目標、内容等を見直すとともに、これを要として効果的な指導をより確実に展開することができるよう、教育課程の改善を図ることが目指されているのである。

では、その趣旨に即してどのように具体的な改善を図ればよいのであろうか。

次に、改正学習指導要領における道徳教育の改善の方策について確認するとともに、教科化の中で今後検討すべき課題について述べたい。

2．道徳教育改善の方策と今後検討すべき課題

(1) 改正学習指導要領における道徳教育の改善の方策

特集　新学習指導要領と生徒指導

今回、道徳に係る教育課程の改善方策については、以下の点が示されている。それは、

①道徳の時間を「特別の教科　道徳」として位置づける

②目標を明確で理解しやすいものに改善する

③道徳の内容をより発達の段階を踏まえた体系的なものに改善する

④多様で効果的な道徳教育の指導方法へと改善する

⑤「特別の教科　道徳」に検定教科書を導入する

⑥一人一人のよさを伸ばし、成長を促すための評価を充実する

の６点である。

これまで①②③を踏まえ、そのねらいの実現のために、道徳科の具体的な指導の在り方についての検討や、道徳科の授業に資する教科書の作成及び道徳の授業の実施に伴う評価の在り方についての協議が進められてきたところである。

この教科化をめぐっては、道徳教育や道徳の授業の在り方が大きく変わるのではないかとの声も聞かれた。しかし、「特別の教科　道徳」の解説の「改定の基本方針」において、「各教科等における道徳教育と密接な関連を図りながら、計画的、発展的な指導によってこれを補充、深化、統合し」、児童生徒に「道徳的価値の自覚や生き方についての考えを深めさせ、道徳的実践力を育成する」という「道徳の時間を要として学校の教育活動全体を通じて行うという道徳教育の基本的な考え方は、今後も引き継ぐべきである」と示されているように、その本質部分までもが変わるわけではない。

「道徳教育が期待される役割を十分に果たすことができるように改善を図る」との観点から、「これまでの道徳の時間」を教育課程上「特別の教科　道徳」として新たに位置づけるなど、答申において先の６つの改善の方策が示されたのである。その点においては、「特別の教科　道徳」を要とする道徳教育への取組について、我々教師は意識を新たにする必要がある。

(2)　教科化の中で今後検討すべき課題

教科化の中で今後検討すべき課題の第一は、今回の改訂の本旨からも、道徳教育の要である「特別の教科　道徳」の実質化（道徳授業の時間数の確保とその質的充実）を図ることである。そのためには、まず何よりも、先に述べた道徳教育の改善の方策を踏まえ、そのねらいに即した道徳科の授業づくりをいかに図るかである。具体的には、いわゆる「道徳科の特質を生かした授業づくり」についての検討を行うことである。

第二は、道徳科を要として、いじめ問題等、生徒指導上の問題の解決につながる実効性のある道徳教育の具現化を図ることである。そのためには、第一の道徳授業の改善充実を図ること（「量的確保」と「質的充実」）はもちろんであるが、やはり、道徳科を要として学校の教育活動全体を通じて行う学校における道徳教育の充実を図ることこそが重要である。具体的には、これまでも推進されてきた「総合単元的な道徳学習」など、「教科等横断的」な指導の在り方についての検討を行うことである。

第三は、校長のリーダーシップのもと、道徳教育推進教師を中心とした道徳教育の推進体制の強化を図ることである。この視点は、特に生徒指導の推進体制とも共通するところである。

生徒指導では、『心と行動のネットワーク』(2001) において、「サポートチーム」による対応の重要性が示されて以後、生徒指導上の諸課題に学校全体がチームとして対応することは当然のこととして受け止められてきた。

この視点は、今回の中央教育審議会の「チームとしての学校の在り方と今後の改善方策について（答申）」(2015) の提言からも、道徳教育においても、「チーム学校」として取り組むことが重要な課題として提言されていると考える。具体的には、これまで、学級担任が行うことを原則とする道徳科の授業の実施に関しても、教職員が協働し学校全体として取り組む推進体制（指導体制・研修体制等）の在り方についての検討を行うことである。

次に、道徳教育と生徒指導との関連について
あらためて確認する。

3．成長促進型の生徒指導を目指す道徳教育

　平成16年長崎の小学校6年女子児童が同級生
をカッターで殺害した事件や、平成18年以後、
中学校におけるいじめによる自殺が多発したこ
となどから、生命を大切にする心や規範意識、
情報モラル等の低下が指摘され、現在、それら
の教育についての指導の充実が求められている。
　このような少年によるさまざまな凶悪な事件
やいじめ等生徒指導上の問題が起こるたびに、
道徳教育の充実を求める声が高まっている。
「道徳の時間」が「特別の教科　道徳」（道徳科）
として教育課程上、新たに位置づけられるよう
になった背景としても、いじめ問題の解決が課
題として挙げられていた。では、これら生徒指
導の問題と道徳教育とはどのような関係にある
のだろうか。

(1)　生徒指導のねらいと内面の形成

　『生徒指導の手引（改訂版）』（昭和56年、文
部省）には、生徒指導として、「学業指導、個
人的適応指導、社会性、公民性指導、道徳性指
導、進路指導、保健指導、安全指導、余暇指導
など」（下線は筆者）が挙げられており、生徒
指導には、道徳性の育成（内面の形成）に関す
る指導が含まれている。
　また、生徒指導は、問題行動への対応に関す
る指導に限定してとらえられがちであるが、
『生徒指導提要』では、「生徒指導は、一人一人
の児童生徒の個性の伸長を図りながら、同時に
社会的な資質や能力・態度を育成し、さらに将
来において社会的に自己実現できるような資
質・態度を形成していくための指導・援助であ
り、個々の児童生徒の自己指導能力の育成を目
指すもの」（下線は筆者）であると示されてお
り、生徒指導本来のねらいからも、内面の形成
が不可欠であることがわかる。
　加えて、生徒指導が目指す「自己指導能力」
は、「自己をありのままに認め（自己受容）、自

己に対する洞察を深めること（自己理解）、こ
れらを基盤に自らの追求しつつある目標を確立
し、また明確化していくこと、そして、この目
標の達成のため、自発的、自律的に自らの行動
を決断し、実行すること」（『生徒指導の手引
（改訂版）』）であり、この「自発的、自律的に
自らの行動を決断し、実行する」ためには、自
らの価値観を形成していかなければならない。
人は、自らの価値観によって、自らの生き方を
選び、場面に応じて自らの行動を決定するが、
もし、公正で、多面的・多角的な判断ができる
ような価値観が十分ぐくまれていなかったと
したら、どうなるであろうか。
　昨今の青少年による凶悪な事件や、いじめ、
不登校、暴力行為等、さまざまな生徒指導上の
問題の根底には、青少年を取り巻く環境の問題
だけではなく、その内面の形成が十分図られて
いないことが大きく影響していると思われる。

(2)　道徳教育のねらいと道徳性の育成

　学校における道徳教育の目標は、教育基本法
及び学校教育法に定められた教育の根本精神に
基づいて設定されている。言うまでもなく教育
基本法や学校教育法は、日本国憲法に掲げられ
た民主的で文化的な国家を建設し世界の平和と
人類の福祉に貢献する国民の育成を目指す、我
が国の教育の在り方を示したものである。その
ことを実現する中核となるのが道徳教育であ
り、そのために特に重視しなければならないこ
とが目標として示されている。
　平成27年学習指導要領（一部改正）において、
道徳教育の目標は、「自立した人間として他者
と共によりよく生きるための基盤となる道徳性
を養うこと」と規定し、学校における道徳教育
の役割が「道徳性の育成」にあることを明示し
ている。そして、道徳教育の要である「特別の
教科　道徳」においては、「道徳的な判断力、心
情、実践意欲と態度」を育成することが求めら
れている。そして、そのねらいの達成に向けて、
具体的には、小学校低学年19項目、中学年20項
目、高学年22項目、中学校22項目の内容が示さ

れており、それらの内容について、「特別の教科　道徳」はもとより、各教科や外国語活動、総合的な学習の時間、特別活動などにおいてもそれぞれの特質に応じた適切な指導を行うことが求められている。特に要である「特別の教科　道徳」においては、一人一人の児童生徒が、自らの人生をよりよく生きていくための価値観を自分自身においてはぐくむことができるよう指導を工夫し、その充実を図る必要がある。

(3)　「成長促進型の生徒指導」としての道徳教育の推進

　道徳教育も生徒指導も、いずれも学校における教育活動全体を通じて行われるものであるが、道徳教育は児童生徒の価値観の形成を直接のねらいとするものであるのに対して、生徒指導は児童生徒一人一人の具体的な日常生活の問題について援助し指導する場合が多いというそれぞれの特性がある。

　中学校段階になると、小学校段階に比べて生徒指導上の問題が量的にも質的にもより深刻化してくる。そのため、学校現場においてはどうしても問題対応に追われることになりがちとなる。

　しかし、このような対症療法としての生徒指導（課題解決的な指導）では、問題対応に追われ、児童生徒を健全に育てていくという本来の教育としての機能を十分に果たすことができず、場合によっては、より深刻な状況をもたらすことにもなりかねない。そこで、道徳教育と生徒指導、相互の関係をさらに一歩進めて、道徳科を要とした道徳教育の一層の推進を図り、道徳性の育成（内面の形成）に支えられた「成長促進型の生徒指導」を展開することが求められている。

　特に、生徒指導上の問題の防止や解決につながる道徳性を育む上で、道徳教育の要となる道徳科の指導の充実を図ることは重要であり、今回の教科化によってその役割を果たすことが一層期待されている。

４．生徒指導に生きて働く道徳教育の推進

(1)　推進上の課題

　現在、学校現場はもとより学会等においても、道徳科の在り方がテーマとして大いに議論されている。このことは、「道徳の時間」が教科となることによって、道徳教育、特にその要となる「道徳科」について、これまで研究実践を行ってきた道徳教育の中心的役割を果たしてきた者だけでなく、行政を含め教育関係者全体の関心が高まっていることとして、大いに歓迎すべきことである。しかし、「問題解決的な学習」であるとか、「議論する道徳」への転換とかが大きく取り上げられる中で、「道徳科」の学習について、これまでの「道徳の時間」や道徳教育そのものの在り方までが変わるかのような受け止め方がなされていることについては、十分注意する必要がある。

　確かに、今回教科化され、道徳教育の要としてこれまで以上に重視される「特別の教科　道徳」の在り方が議論されることは、その実質化を図る上で重要なステップであり、そのことにより、すべての学校で、すべての教師によって、その趣旨が共有されることは望ましいことである。しかし、重要なことはどれほど道徳科の授業の在り方やその内容が議論されたとしても、それがそれぞれの学校において、またそれぞれの教師によって具体的に実践されなければ意味がない。これまでも道徳教育に関心のある熱心な実践者や研究者によってすばらしい実践研究は行われてきた。そして、すばらしい実践例は積み上げられてきているのである。しかし、それが、すべての学校や教師、一人一人の児童生徒にまで具現化されていないところに大きな問題があり、そのことが今回の教科化にまでいたる背景にあったことに思いが至らない限り、これまでと同じ轍を踏むことになりかねない。

　そこで、今回の改訂の趣旨の具現化を図るためにも、２－（２）でも述べた今後検討すべき課題に即して、その具体的な改善の方向性について以下検討したい。

(2)　改善の方向

①道徳教育推進体制の強化

　すべての学校で、すべての教師によって充実した道徳教育、そしてその要となる道徳の授業が実践できるよう「道徳科」の在り方を議論し、その具体化を目指すことは当然である。しかし、それが真に子どもたちの日々の学びとして具現化するには、実際にそれが行われるように年間35時間の道徳科の授業の「量的確保」と「質的充実」を図るとともに、それを支え、可能にする指導体制や研修体制など道徳教育推進体制の強化を図ることを改善の方向の第一に挙げたい。

　平成10年の学習指導要領の「第3　指導計画の作成と内容の取扱い」において、「校長をはじめ全教師が協力して」道徳教育を展開することや、道徳の時間における指導に当たって、「校長や教頭の参加、他の教師との協力的な指導」、「家庭や地域の人々の積極的な参加や協力」などがはじめて示された。

　そして、平成20年の学習指導要領では、「各学校においては、校長の方針の下に、道徳教育の推進を主に担当する教師（以下「道徳教育推進教師」という。）を中心に、全教師が協力して道徳教育を展開する」ことや、「道徳教育推進教師を中心とした指導体制」の充実が加わり、学校全体で取り組む指導体制が取り上げられている。今回の改正においてもこれらのことが引き継がれている。

　先に見た課題の一つである学校間格差や教師間格差の問題は、道徳教育の実施に際して、各学校の個々の校長及び一人一人の教師の資質や努力に、その推進をゆだねるのではなく、学校全体として、保護者や地域の人々、専門家と共に連携協力し、チーム学校として取り組むことを示唆しているとも言えよう。あらためて、校長のリーダーシップの下、道徳教育推進教師を中心に、学校を挙げて道徳教育の実施に取り組むとともに、個々の教師の道徳授業の指導力の向上を図るためにも、組織的な取組がこれまで以上に求められている。そのことによって、はじめて今回の改訂の趣旨に即した道徳教育の実質化も図られるものと考える。これまでのように「道徳科」の在り方が専門家（研究者や実践家）の間で議論され深められたとしても、それだけでは決して学校現場における道徳教育の充実には直結しないし、一人一人の児童生徒の道徳的な学びの保障にもつながらない。

　「道徳科」の在り方の議論だけでなく、求められる道徳科を要とした道徳教育が、各学校において、一人一人の教師の実践において、一人一人の児童生徒の学びにおいて具現化されるよう、校長がリーダーシップを発揮し、道徳教育推進教師が中心となって道徳教育の指導や研修に、チームとして取り組む推進体制を工夫することが第一の改善の方向である。チームで取り組むことの重要性は、生徒指導だけでなく、これからの道徳教育においてもこれまで以上に重視することが求められている。

②実効性のある道徳教育の具現化

　第二の改善の方向は、今回の改訂において指摘されている「教科等横断的」な指導の視点をこれまで以上に取り入れることである。「いじめ問題」について道徳科の授業を実施するだけでは、実効性のある取組となることは期待できない。道徳科を要として、他の教育活動との関連や、家庭や地域社会との連携による取組を図ることによって、より一層のその指導の効果を高めることができよう。このことについては、これまでも道徳教育において、「総合単元的な道徳学習」として実践されてきている。「社会に開かれた教育課程」の視点や、「教科等横断的」な指導の視点を取り入れ、より一層それらの実践について積極的に取り組むことが求められよう。

③子どもが主体的に学ぶ道徳科の授業づくり

　第三の改善の方向は、道徳科の学びが、自らの課題とつなげて捉えるとともに、それを他者との対話を通して深まりのあるものとなることである。それは、道徳的価値について単に知識として学ぶのではなく、自らの課題とつなげ、

特集　新学習指導要領と生徒指導

多様な視点から考え、深い学びとすることで、自らの生き方に生きて働く授業づくりを行うことである。つまり、子どもが主体的に学ぶ道徳科の授業づくりである。

これらの改善の方向を踏まえ、生徒指導に生きて働く道徳教育の推進に向けて、その具体的方策を以下提案したい。

1）チーム学校として取り組む「ローテーション型道徳」

学年団で同じ曜日の同じ時間に道徳の授業を行う「ローテーション型道徳」という指導体制の工夫である。例えば、中学校で、学年団（3クラス）の教師（担任・副担任も含めて4人）が、それぞれ「十八番（おはこ）」の授業を5時間ずつ行うとする。4人が3クラスで5時間分、それぞれ得意な教材で授業を行うことで、少なくとも20時間分は、担任が一人だけで行うより充実した授業が行われる可能性が高くなる。また、一つの授業を各クラスで（合計3回）行うため、それらの授業については、実施し振り返りを行うことにより、さらなる改善充実を図ることも期待できる。

また、道徳教育推進教師とT. T.を組んだりローテーション型授業の実施に際して、他の教師の実践を参観したりすることで、日々の道徳授業の実践が、子どもにとって充実した授業の具体化としてだけでなく、特別に研修の時間を設けることが難しい昨今の教育現場の状況の中で、個々の教師の指導力の向上のための貴重な研修の機会ともなる。

2）「教科等横断型」の道徳教育の実践

図は、「人権学習」をテーマに、いじめ問題の解決を目指した道徳教育における「教科等横断的」な指導の実践例（中学校）である。

道徳科においては、学習指導要領（中学校）に示された22の内容項目について、年間35時間の授業を実施することになっている。ただ、一つのテーマ（主題）について一つの教材で学ぶ「1時間1主題」の授業だけではなく、図で示したような、要としての道徳科の授業（A）を中心に、生徒会活動（B）・集会活動「人権集会」（C）・学年団集会（D）などの特別活動や、車いす体験などの総合的な学習の時間（E）等との関連及び家庭や地域社会との連携を図った「教科等横断型」の道徳教育の実践が、いじめ問題の解決につながる効果的な指導として、今後一層重視されるものとなろう。

3）道徳科の特質を生かした授業づくり

＜道徳科の授業（A）＞

① いじめを題材とした資料「聲の形」
② 外国人の人権を考える資料「張君の笑顔」　→
③ 家族愛を題材とした資料「スダチの苗木」
④ 自分の差別心と向き合う資料「人の値打ち」

＜生徒会活動（B）＞

SNSをめぐる友人間のトラブルをテーマに、生徒会役員が制作したドラマで問題提起して、全校生が登場人物の気持ちについて考えた。　→

＜総合的な学習の時間（E）＞

競技用車いす体験・選手からの話
（バスケットボールクラブ）
↓

＜集会活動「人権集会」（C）＞

道徳科の授業等で学んだ人権学習の成果の発表を行った。
↓

＜学年団集会（D）＞

人権集会での学びを学年集会で発表し、話し合いを通して深めた。

図「人権学習」をテーマとした「教科等横断型」の道徳教育の実践
（※香川県高松市立香東中学校の実践事例を基に作成）

子どもが主体的に学ぶ道徳科の授業づくりの
ポイントは、「考え、議論する」ことを重視し
た授業を行うことや、多様で効果的な指導方法
を工夫することである。それは、道徳科の特質
を生かした授業づくりにつながるものである。
　道徳科の目標として示されている道徳科の特
質としての「道徳的諸価値についての理解」と、
「自己（人間として）の生き方についての考え
を深めること」は、道徳の授業の大前提となる
ものである。
　今回、道徳の改訂において強調された「考え、
議論する」ことを重視した授業を行う上で、道
徳科の特質である「自己を見つめ」道徳的価値
について自己とのかかわりにおいてとらえるこ
とや、一面的な考えから「多面的・多角的な考
え」へと深めていくことこそが、子どもが主体
的に学ぶ授業改善のための重要なポイントとな
る。したがって、そのためにも道徳に係る教育
課程の改善方策で示された「多様で効果的な指
導方法」を中心に授業づくりの工夫改善が求め
られる。
　その第一は、多様な考え方を生かすための指
導の工夫である。具体的には、「言語活動」を
中心に、ペア学習やバズ学習、ディベートなど
の話し合いの形態を工夫することや、話し合い
だけでなく、ホワイトボードにそれぞれの考え
を書いたり、付箋紙を用いて整理しまとめたり
するなどの書く活動の工夫も考えられる。ま
た、言語以外に、「心の天秤」や「心情円盤」
など非言語による手法を用いて、一人一人の子
どもが自分の考えを表出しやすくするよう工夫
することが求められる。
　第二は、多面的・多角的な視点から学び合う
ことのできる指導の工夫である。「問題解決的
な学習」はその一つであるが、子ども同士で学
び合う学習以外に、「保護者参加型の授業」や
「地域の人材を活用した授業」など、子どもた
ちだけの話し合いからは出てこない多面的・多
角的な視点から学びを深めていく学習の場づく
りを工夫することが求められる。

　第三は、自らのこととつなげて考えることの
できる指導の工夫である。授業において、教材
の主人公の視点に立って考えるために、ロール
プレイを用いた「体験的な学習」を行ったり、
日常で体験したことを想起させて、登場人物の
考えを共感的にとらえさせたりするなど、道徳
的問題を他人事（ひとごと）としてではなく、
我が事としてとらえ考えられるよう工夫するこ
とが求められる。
　以上のように、道徳的問題を子どもたちが自
らのこととして捉え、主体的で、他者と共に学
び合う対話的な、深い学び（道徳科の特質を生
かした「考え、議論する道徳」の授業づくり）
を基盤とする道徳科を要とした学校の教育活動
全体を通じて行う道徳教育の推進を工夫改善す
ることこそ、生徒指導に生きて働く実効性のあ
る道徳教育の具現化につながるものと考える。

＜引用・参考文献＞
中央教育審議会（2014）道徳に係る教育課程の
　　改善等について（答申）
中央教育審議会（2015）チームとしての学校の
　　在り方と今後の改善方策について（答申）
道徳教育の充実に関する懇談会（2013）今後の
　　道徳教育の改善・充実方策について（報告）
教育再生実行会議（2013）いじめ問題等への対
　　応について（第一次提言）
文部科学省（2010）『生徒指導提要』教育図書
文部科学省（2012）道徳教育実施状況調査
文部科学省（2015）「小学校・中学校学習指導
　　要領　第3章 道徳」
文部科学省（2017）「小学校・中学校学習指導
　　要領解説　特別の教科 道徳編」
永田繁雄（2010）道徳教育に関する小・中学校
　　の教員を対象とした調査
日本生徒指導学会（2015）『現代生徒指導論』
　　学事出版
七條正典・植田和也 編著（2016）『道徳教育に
　　求められるリーダーシップ』美巧社

特集　新学習指導要領と生徒指導

| 特集 | 新学習指導要領と生徒指導 |

みんなから愛される学校づくり
～魅力ある学校づくりを中心として～

The making of school loved by all
: Mainly on the making of attractive school

難波邦彦 (岡山市立操山中学校)

1．はじめに

　本校は岡山市の市街地の東部に位置し、南に操山を配し、西の旭川と北の百間川に囲まれ、豊かな自然と文化財に恵まれた住宅街である。

　また、国立大学教育学部附属幼・小・中学校の他、県立中学校と県立高校普通科2校、商業高校1校、私立中学校・高等学校と短大・大学を有する一大文教地区でもあり、多くの生徒が受験を経験して入学している。また、保護者の教育への関心が高く協力的な一方、家庭の教育力の差もあり、価値観も多様である。

　生徒数は577名、通常学級17、特別支援学級6、合計23学級の中学校である。

2．校長の取組の重点（学校経営目標）

　H28年度に赴任して、学校教育目標「自分に誇りを持ち、他者を尊重する心豊かな生徒の育成」のもと、国立教育政策研究所の「魅力ある学校づくり調査研究事業」の指定を中学校区で受けたことを契機に、課題であった「新たな不登校を生まない取組」と「問題行動の減少」を目指して様々な取組を企画した。

　数多くあった具体目標を次のように3つの柱にまとめた。

（1）確かな学力の定着
（2）魅力ある学校づくりの実践
（3）地域に開かれた学校の推進

　この柱に沿って、魅力ある学校づくりを中心に様々なプロジェクトを取り入れることで、生徒指導の一次支援にもつながり、落ち着いた環境づくりと魅力ある学校づくりを推進し、生徒からも保護者からも地域からも、そして教職員からも愛される学校づくりを目指している。

　また、この取組によって、新学習指導要領の「生徒が、自己の存在感を実感しながら、よりよい人間関係を形成し、有意義で充実した学校生活を送る中で、現在及び将来における自己実現を図っていくことができるよう、生徒理解を深め、学習指導と関連付けながら、生徒指導の充実を図ること」につなげることも考慮して取り組んでいる。

3．具体的な取組

（1）確かな学力の定着
　○　主体的・対話的で深い学び（アクティブ・ラーニング）の研究・推進
　・中学校区の統一研究テーマ
　・中学校区合同研究授業
　○　言語活動の充実
　○　家庭学習の定着
　・中学校区メディアコントロール週間（年3回）の取組
　・自主学習ノートの活用

(2) 魅力ある学校づくりの実践
　○ 操山中学校区「～絆プロジェクト～」
　　① 「仲間との絆づくり」
　　　・SSTを取り入れた人間関係づくり
　　② 「上級生・下級生との絆づくり」
　　　・体育祭応援合戦の取組を中心に
　　③ 「先生と生徒の絆づくり」
　　　・スマイルカードや学校適応感尺度
　　　　ASSESSEの活用
　　④ 「小学校・中学校の絆づくり」
　　　・各種小中連携事業
　　⑤ あいさつ運動の強化
　　　・小中・PTA・地域との連携
　○ 落ち着いた環境づくり
　　① 規範意識・マナー向上を目指した生徒
　　　指導の推進（学校警察連絡室との連携）
　　② 人権意識の高揚に努め、いじめや差別
　　　を許さない態度を育成
　　③ 特別支援教育の充実・視点を生かした
　　　環境づくり
　　④ 清掃・美化活動の充実

(3) 地域に開かれた学校の推進
　　① 小中連携事業の拡大・充実
　　② 保、幼、県立盲学校との連携充実
　　③ ESDの視点を生かした体験活動・ボ
　　　ランティア活動の推進
　　④ PTA・保護者、地域との連携・充実

4．主な具体的な取組について

(1) 「小中の絆づくり」
　中1ギャップの解消や新たな不登校を生まないために小中連携事業を推進している。
＜小学生への学習支援＞（ミサチュー先生）
　H29年度より中学1年生全員が2日間に分けて、出身小学校2校の4～6年生の学習支援を行っている。事前に小学校の各学級の教科を決めてもらい、生徒に希望調査をして担当を振り分ける。授業内容等を小学校からもらい、事前学習をして当日を迎える。教科によって、筆やそろばんなど必要な準備をして臨んでいる。1時間の学習支援では学習面の効果は期待はできないが、小学生にとっては、身近な先輩が成長した姿で教えてくれ、中学校に対する不安解消につながった。また、中学生にとっても感謝の言葉を聞き、自己有用感の醸成につながった。

＜小学校に出向いての中学校紹介＞
　以前までは生徒会執行部で作成した中学校紹介のDVDを小学校に送付して、小学校で見せてもらっていたが、H28年度から、実際に生徒会執行部の生徒が小学校に出向いて説明するようにした。事前に小学生から中学校への質問を調査し、中学生がその質問に答えたり、自分の勉強法などを説明している。中学生の生の言葉で説明を受けたり、中学生が小6の時には同じように不安だったけど大丈夫と説明してくれることにより、中学校へ対する不安解消につながっている。

特集　新学習指導要領と生徒指導

<小中合同後楽園ボランティア>

　H29年度から小中合同で地域の「後楽園」のボランティアを年2回行っている。中学校の生徒会執行部と小学校代表児童で事前打ち合わせを行い、募集案内や当日の運営も児童・生徒に主体的に取り組ませた。低学年は保護者引率、中・高学年は小学校から中学生が引率して行った。内容は、後楽園の曲水にある玉石の苔を落とすために裏返していく。また、冬は落葉の掃き掃除を行っている。当初、180名を越える参加希望があったが、多すぎたため参加者を限定して120名程度で実施した。

<中学校区あいさつ週間>

　以前から中学校区保幼小中で統一した学区のあいさつ週間の取組を実施していたが、それぞれで同じ週間にあいさつ運動を展開しているだけであった。そこで、登校時間が重なっている小学校には中学生が行き、一緒にあいさつ運動をするとともにPTAにも呼びかけ、小中の校門で一緒にあいさつ運動を実施することにした。成長した中学生の姿を見せることで、学区を通してあいさつの大切さを実感させる取組となっている。

<部活動体験>

　中学校の説明DVDの中でも部活動紹介はしているが、小学生の関心事である部活動について、H29年度から土曜授業を利用して部活動体験を実施している。映像で見るだけでなく、実際に中学生に教えてもらいながら体験することによって、部活動についてイメージしやすくなり、小学生にとっては中1ギャップ解消にもつながっている。

(2)「規範意識・マナー向上を目指した生徒指導の推進（県警学校警察連絡室との連携）」

<規範意識向上モデル事業>

　岡山県警本部少年課内に5年前に設置された学校警察連絡室から規範意識向上モデル校として指定されて5年目を迎えている。県警学校警察連絡室や岡山中央警察署と連携した各種事業を展開している。一次支援に該当する内容を多く取り入れることで、落ち着いた環境づくりに貢献している。

<ネットモラル劇>

　演劇部と県警学校警察連絡室の協働でネットモラルについての寸劇を行い、ネットを使う上での留意点やネットトラブルに巻き込まれないように注意喚起している。毎年内容を刷新したり、警察を交えて討論会を実施したりしている。

＜操山宣言＞

ネットモラル劇の後、全校からアンケートをとり、県警学校警察連絡室と連携し、よりよい学校にするために生活面とネットモラル面に分けての宣言文を生徒会で作成し、文化祭で発表した。また、宣言の実現に向けて、毎月の重点目標を決め、あいさつキャンペーンやチャイム着席キャンペーンのような様々な活動を生徒会・専門委員会中心で実施している。

＜その他の活動＞

週に2回校門でのあいさつ運動を県警学校警察連絡室と協働で実施したり、みんなで安心教室（非行防止教室）や薬物乱用防止教室、交通安全教室など以前から実施していたが、より連携がしやすくなっている。また、初発型非行を防止するために中学校・高校に県警が呼びかけて実施している「自転車鍵かけ運動」にも参加し、生徒の鍵かけへの意識向上を図っている。

5．調査結果からの考察

以前は生徒指導的な課題が多かった実情と先に述べた学区の文教地区としての実情から、幼稚園、小学校、中学校に上がる際に受験をして国立・県立・私立学校園に入学園する子も多く、本校の生徒の中には、受験に失敗した経験を持って入学する生徒も少なくない。そんな生徒たちに「操山中で良かった！」「操山中が良かった！」と自分の学校を誇りに思えるような学校、保護者からも地域からも信頼される学校づくりをすることが一番の目的で各種事業を展開してきた。

「みんなから愛される学校・大好きな・誇りに思う学校」をテーマに、「主体的な学習」「分かる授業づくり」「いろいろな絆づくり」「落ち着いた環境づくり」の各種取組（一次支援）に取り組むことで、「問題行動減少」「子どもの居場所づくり」「中1ギャップの減少」「活発な生徒活動」「地域で活躍する中学生」「自己有用感の醸成」「不登校数減少」「愛校心」「保護者・地域からの信頼」など様々な効果を狙って実施している。

全てについての効果を実証することは難しいし、1年や2年の取組で効果が現れるかどうかも疑問であるが、いくつかのデータを元に考察してみる。

＜問題行動について＞

このデータから、明らかに問題行動（対教師暴力・生徒間暴力・対人暴力・器物損壊）の数は激減して、全国・県の発生率を下回るほどの変化を見せている。肌感覚で落ち着いてきたと

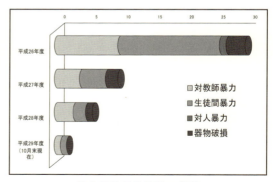

暴力行為発生件数の推移

特集　新学習指導要領と生徒指導

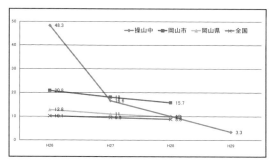

1000人当たりの発生件数（中学校）

感じるだけでなく、数値としても落ち着いている状況がよく分かる。ただ、いろいろな取組をしたから落ち着いたかどうかを証明するのは難しい。

<不登校について>

不登校については、様々な要因を持ち一人ひとりの状況も違うので、すぐに発生率や不登校

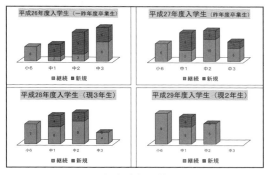

長欠生徒数の推移

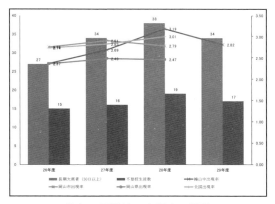

長欠・不登校・出現率の推移

数の減少に効果は認められない。しかし、小中連携による中1ギャップの解消に向けた取組や一次支援の強化によって、入学時や年度替わりには、以前不登校だった生徒も多く登校できるようになってきたと感じる。ただし、連休明けや2学期頃となると頑張ってきた疲れ等が出て、再度不登校になる場合も多い。そのように全体としての不登校数の変化は少ないが、新たな不登校を生まない取組として、一定の効果は出ていると考えられる。

<学校適応間尺度ASSESSの結果から>

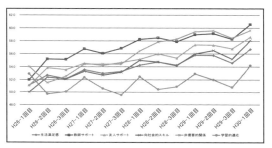

ASSESS 操山中状況（H26年度～H30年度）

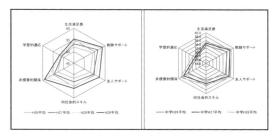

ASSESS 中学校状況（H26年度～H29年度）

もともと学校適応感尺度「ASSESSE」は個人の学校・学級への適応状況や学級全体の適応感を図るものであるが、全員の平均をすることで学校への適応感を経年比較してみた。全体として毎年適応感・満足度が増している状況が見られる。個々の観点を見ると、「学習的適応」が低いのが課題であるが、目標が高い生徒が多く、目標と実態のギャップに悩んでいる生徒が多いととらえている。各年度3学期は値が少し下がるものの各項目とも年々上昇している。中

27

でも「非侵害的関係」と「教師サポート」が年々上昇していて、「友人サポート」も上がっている。それに比べれば「生活満足感」は少し低いが、いじめられたりすることなく、友人や教師からのサポートも受け、満足した学校生活が送れるようになってきていると判断できる。

6. 新学習指導要領の観点からの考察

生徒指導について、新学習指導要領では「(2)生徒が、自己の存在感を実感しながら、よりよい人間関係を形成し、有意義で充実した学校生活を送る中で、現在及び将来における自己実現を図っていくことができるよう、生徒理解を深め、学習指導と関連付けながら、生徒指導の充実を図ること」と変更された。この点について本校の取組との関連を考察してみる。

(1)「絆プロジェクト」について

SSTを利用することによって、生徒同士の人間関係づくりをするだけでなく、ASSESSEの「被侵害的関係や友人サポート」の結果を見ても「自分の居場所づくり」や安心感につながっている。また、体育祭応援合戦の取組で、「自分は仲間とともにここに居たい」という所属感や連帯感を作り出し、小学生との交流や地域ボランティアの取組を通して「ここで自分らしさを発揮できる」という出番や自己実現の場を作り出している。結果として、「自己の存在感」を高め、「自己実現」の機会を作り出すことにつながっていると考える。

(2)「主体的・対話的で深い学び」の授業研究について

中学校区（保幼小中）で統一した研究テーマのもとに4年サイクルで保育・授業研究している。学区の子どもたちの0歳から15歳までを見通した保育・授業研究をする中で、現在は「聞き方」「話し方」などのスキルを中学校区で統一することによって、より段差のない学びにつなげようとしている。「主体的・対話的で深い学び」が授業で実践できるようにするには、学級の信頼する人間関係の基盤が必要となり、SSTなどの効果もあり、より「学びに向かう力」が伸びていると考えられ、「学習指導と関連づけながら、生徒指導の充実」を図ることにつながっていると考えられる。

(3)小学校との各種連携について

教育課程の編成でも、「4学校段階間の接続」の重要性が述べられているが、保幼小中連携を図る中で、特に小学校との連携を重視した。そのことによって、自分たちの先輩の中学生の良い面をたくさん見せることで、「中学校に対する不安」や「中学校でのシステムの違い」など中1ギャップを軽減することができた。また、そのことで不登校数も一定数減少することができた。

(4)地域との連携について

地域行事等へのボランティア活動の推進については、新学習指導要領の「前文」にある「社会に開かれた教育課程」の実現につながっている。地域の方も最初は中学生がボランティアとして協力してくれ、イベントを盛り上げてくれることに感謝するだけであった。しかし、その子どもたちがやがて親になり、子どもを産み、地域に戻ったとき、地域のイベントに役割を持って参加した経験から、今度は地域の役員として協力できる。今のボランティアの取組は、持続可能な地域づくりに貢献できることにつながることを話していくうちに、昨年度からイベントや防災キャンプなどの企画段階から中学生も参加させてもらい、中学生の考案した種目やブースを取り入れてもらえるように進化している。このことは、現在のみならず将来における自己実現にもつながっていると考える。

6. おわりに（成果と課題）

魅力ある学校づくりのためには、まずは落ち着いた環境づくりが必要だと考え、各種事業に

特集　新学習指導要領と生徒指導

より校内は落ち着いてきた。また、小中連携を進める上で、中1ギャップの解消を図り、小学生の中学校入学への不安解消にもつながっている。行事を工夫することで学校への魅力も増し、不登校の解消につながっているケースも多いが、登校できない要因は様々なものがあり、学校だけでは解消できないものもある。また、ボランティア活動を推進する中で、中学生は保護者や地域の方々とふれ合い、認められることにより自己有用感や自尊感情の醸成につながっている。また、地域で頑張る中学生の姿を見せることによって、保護者や地域の学校への信頼感も増している。

生徒が複数回参加していることもあり、部活動とも調整を図りながら、さらに参加を呼びかけることや参加した生徒の感想を知らせる取組も必要と考える。一方、地域のフェスティバルや防災キャンプでは、中学生を企画段階から参加させて、中学生考案のブースやイベントを組み込んでくださる地域イベントも増えつつある。今後は、新設の操山公民館や地域協働学校等の組織を活用した取組になるようにすることが課題である。

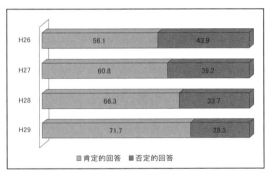

「授業は分かりやすく楽しい」割合推移

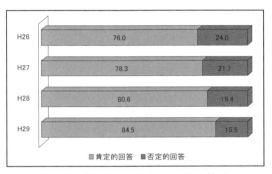

「学校に行くのが楽しい」の割合推移

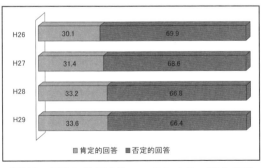

「地域の行事に役割を持って参加する」割合推移

しかし、学校評価アンケートの結果推移を見ても「学校に行くのが楽しい」と答えた生徒は、増えつつあるが84.5％にとどまっており、さらなる取組が必要である。地域でのボランティア活動も盛んになったとはいえ、生徒全体の33.6％である。ボランティアについては、同じ

さらに「授業は分かりやすく楽しい」と答えた生徒の割合は増えつつあるが71.7％にとどまっている。人間関係やイベントだけでなく、1日の多くの時間を割いている授業について、生徒が分かった、楽しいと思える授業になるよう、現在も中学校区の保幼小中で連携した授業・保育研究がなされているが、さらなる研鑽が必要である。

それらの課題を解消しつつ、さらに「生徒・保護者・地域・教職員」の「みんなから愛される学校づくり」を推進していきたい。

研究論文

<研究論文>

教師の指導態度、学級集団構造、親の養育態度が児童の共感性に及ぼす影響

Influence of teacher's teaching attitude, classroom structure, and parent's child-rearing attitude on empathy in children

塚本伸一 (立教大学)　岸 竜馬 (福島大学)

　　本研究の目的は、学級集団における関わりが、児童の共感性を育成促進する可能性を明らかにすることにある。教師の指導態度が学級集団構造を媒介して児童の共感性に影響し、同時に、親の養育態度も直接、また、学級集団構造を媒介して児童の共感性に影響すると想定して因果モデルを設定し、小学校4・5年生を対象に分析を行った。その結果、児童のとるべき行動を直接指示要請する教師の指示的な指導態度が、協力的に学級活動を行う学級集団構造の「協和性」を促進し、その「協和性」が児童の共感性を促進することが明らかになった。また、親の養育態度は直接児童の共感性に影響を与えるのではなく、学級構造を媒介して影響を与えることも示された。教師の指導態度に関しては、受容的な指導態度と、指示的な指導態度のどちらが効果的であるか従来から検討されてきたが、本研究の結果は、指示的な指導態度の有効性を示唆するものである。

キーワード：指導態度　学級集団構造　共感性　養育態度

1．問題と目的

　文部科学省は、いじめ防止対策推進法（以下推進法）第11条の規定に基づき、2013年10月に「いじめの防止等のための基本的な方針」（以下基本方針）を策定した。基本方針では、いじめの防止のために、学校の教育活動全体を通じて道徳教育を推進し、「社会性や規範意識、思いやりなどの豊かな心」を育成することの必要性を明らかにしている。また、同方針では、いじ

めの未然防止の基本は、授業づくり、集団づくりであり、児童生徒が互いを認め合える人間関係を作ることが必要との認識も示している。推進法は、学校に対しても、上記基本方針等を参酌して当該学校におけるいじめ防止の方針を定め、必要な措置を講ずることを求めており、各学校においても「思いやりの心」の育成は重要な課題となっている。

　「思いやり」とは日常語としても用いられる曖昧な概念であるが、困っている人を助けると

いった具体的な行動の側面は、援助行動や向社会的行動の問題として論じられてきている。また、このような行動の育成、解発には、援助規範、共感性、社会的スキルといった個人の内的要因が関わっているとされる（松井、2014）。援助規範とは「困っている人は助けるべきだ」といった援助に関する社会的規範のことであり、このような規範意識の形成が、援助行動の遂行にはまず必要だということである。しかし、援助規範が存在するだけでは、実際の援助は行われにくいことが知られている。具体的な援助行動を導く上で重要なのが、困窮者やその状況に対する共感性である。相手の気持ちになって考え、相手のために何かしてあげたいとの認知と感情が援助行動を動機づけると考えられる。三番目の社会的スキルとは、援助場面で適切な行動をとることができる知識や能力のことである。「助けるべきだ」と理解し、「なんとかしてあげたい」との感情喚起があっても、具体的にどうすれば良いかという知識や能力がなければ、援助行動は成立しないということである。この3つの内的要因は、基本方針に示される、「規範意識」「思いやり」「社会性」に対応するものと考えられる。従って、基本方針が重視しているのは、具体的な行動というより、表出される行動の背後にある児童生徒の心持ち、すなわち内的要因であると考えられる。そこで、本研究では援助行動（向社会的行動）の内的要因に注目し、動機づけ的要因として重要な共感性について検討することとする。

基本方針では、「思いやり」すなわち共感性の育成を学校の教育活動全体を通じて実践することの重要性を指摘しており、集団づくり、学校風土、人間関係に言及していることからも理解されるように、特定の教科学習に限定されない日々の学校生活、体験活動の中で、共感性がいかに育成促進されるのかを明らかにすることが求められている。

橋本ら（1996）は、小学校5年生、6年生を対象に、友人関係と共感性との関係を検討し、遊び場面、生活場面等における友人との経験の共有が、共感性の高さに関係していることを明らかにしている。この研究結果は、集団の成員間における経験や体験の共有が、児童の共感性の育成促進に重要な役割を果たしていることを示唆するものである。言うまでもなく、子どもの学校における生活の場、体験の場の中心は学級集団であり、子どもが生活の中でどのような体験をし、どのような認識を持つのかは、所属する学級集団の特徴やこれを形成する教師の指導のあり方に大きく左右されると考えられる。そこで、本研究では、学級集団のあり方が子どもの共感性に与える影響を検討することとする。

学級集団は、様々な側面からその成員である子どもの行動に影響を与える可能性があるが、まず考慮すべきは学級集団構造であろう。根本（1983）によると、集団構造とは集団構成要素間の関係であり、学級集団構造とは、学級成員間の関係性のことである。根本は、独自の学級集団構造スケール（CSS）によって、受容、勢力、親和性、統制、活動性という5つの学級集団構造次元を抽出して学級雰囲気と学級適応の指標であるスクール・モラールとの関係を検討し、学級集団構造がそれらの重要な規定因であること明らかにしている。また、三島（2013）は、高校生を対象に仲間関係、学級雰囲気、学級適応との関連を検討し、学級における関係性のあり方は、開放的で親和的な学級雰囲気を媒介して、適応感の向上に影響していることを明らかにしている。

次に、学級集団を規定する要因として検討すべきなのが、教師の学級成員に対する指導態度である。三島・宇野（2004）は、小学校4、5、6年の児童を対象に、教師の指導態度のあり方と学級雰囲気との関係を検討し、教師の受容的、共感的な指導態度や客観的な視点を持ち自信のある指導態度が、学級雰囲気の多くの側面に影響していることを明らかにしている。このほかにも、教師の指導態度が学級集団構造や学

級風土、子どもの行動に強い影響を与えることが、従来の複数の研究から明らかにされている（三隅ら、1977）（佐藤・篠原、1976）。

ところで、従来、共感性の発達を規定する要因として親子関係に注目する研究が行われてきた。八越・新井（2007）は、小学校4年生、5年生を対象に、母親の養育態度と共感性の関係を検討したところ、母親の受容的な養育態度が児童の共感性を有意に促進することを明らかにしている。また、大学生を対象に検討した辻道ら（2017）によると、両親の受容性の高さが男子大学生の共感性の高さに、母親の受容性の高さが女子大学生の共感性の高さに関係していることを明らかにしている。このほかにも、親との関係性が子どもの共感性に影響を与えることを示唆する研究が複数見られる（小玉、2008）（今野、2014）（大浦・福井、2015）。そこで、本研究では、親の養育態度が児童の共感性に及ぼす影響も合わせて検討することとする。

以上より、本研究では、児童の学級での体験が共感性の育成促進に影響すると仮定してモデルを設定し、検証を行う。具体的には、教師の学級に対する指導態度が、学級内の児童の対人関係やそれに基づく体験、即ち学級集団構造に直接影響を与え、さらにこの構造は児童の共感性に影響を与える。また、親の養育態度は、児童の共感性に直接影響するとともに、学級集団構造を媒介して児童の共感性に影響するとのモデルを設定する（図1）。

図1　児童共感性の影響過程モデル

親の養育態度が学級集団構造に影響すると仮定するのは、親の養育態度が友人との関係を維持、発展させるといった社会的スキルの形成に関わるとする先行研究（八越・新井、2007）（井上、1995）（谷口・田中、2004）に基づくものである。

2．方法

(1) 調査対象・実施方法

A県内の公立小学校の4年生74名（男子42名、女子32名）、5年生74名（男子38名、女子36名）の計148名である。当該小学校は、調査時点において、校内に生徒指導上の問題がみられないとの観点から選定された。調査は学級毎に行い、質問紙の配布、回収は各学級担任に依頼した。

(2) 測度

①教師の指導態度

塚本（2017）の尺度を用いた（Appendix 1）。指示的指導態度、受容的指導態度、親和的指導態度の3つの因子から構成される。評定は、「よくある〜ぜんぜんない」の4件法である。分析にあたっては、順に4点〜1点を付与した。

②学級集団構造

塚本（2017）の尺度を用いた（Appendix 2）。根本（1983）のCSSは35項目からなり評定に長時間を要するため、項目数が少なく実施が容易な本尺度を使用した。本尺度は、協和性、被援助性の2因子から構成される。評定は、「あてはまる〜あてはまらない」の4件法である。分析にあたっては、順に4点〜1点を付与した。

③親の養育態度

辻岡・山本（1976）の40項目を参考に、学級で実施することを考慮した簡便な5項目からなる養育態度尺度を作成した。評定は、「あてはまる〜あてはまらない」の4件法である。分析にあたっては、順に4点〜1点を付与した。

④共感性

浅川・松岡（1984）の30項目、桜井（1986）の20項目を参考に、学級で実施することを考慮した簡便な7項目からなる共感性尺度を作成した（Appendix 3）。評定は、「あてはまる〜あ

研究論文

表1　養育態度の因子分析

	F1	F2	共通性
あなたの気持ちを分かってくれる	.84	.13	.77
あなたの話を聞いてくれる	.77	-.11	.66
いっしょに遊んでくれる	.68	-.04	.49
ほしいものは、なんでも買ってくれる	.08	.90	.66
なんでもあなたのしたいようにさせてくれる	-.09	.81	.71

てはまらない」の４件法である。分析にあたっては、順に４点～１点を付与した。

３．結果

(1)　尺度項目及び因子構造の検討
①養育態度

養育態度尺度５項目について、主因子法、プロマックス回転による探索的因子分析を行った。

固有値の減衰状況と因子の解釈可能性から２因子解を最適とした。第１因子は、「あなたの話を聞いてくれる」、「あなたの気持ちをわかってくれる」、「いっしょに遊んでくれる」の項目から構成され、近くにいて、話に耳を傾け、子どもの感情を受け止めるといった態度から構成されていることから「受容的養育態度」、第２因子は、「ほしいものは、なんでも買ってくれる」、「なんでも、あなたのしたいようにさせてくれる」の項目から構成され、子どもに盲従し、言いなりになるといった態度を示していることから「服従的養育態度」と命名した(表１)。内的整合性を検討するために、クローンバックの α 係数を算出したところ、第１因子が α = .70、第２因子が α =.64であった。
②共感性

共感性尺度７項目について、主因子法による探索的な因子分析を行った結果、固有値の減衰状

表2　共感性平均値（SD）

	4年	5年
男子	19.83 (4.53)	18.97 (4.27)
女子	23.31 (2.97)	23.06 (3.22)

況と因子の解釈可能性から１因子解を最適とした。クローンバックの α 係数は、 α = .80であった。

各項目の評定値を単純加算したものを共感性得点として、学年別、性別に平均得点を算出した（表２）。学年と性別を独立変数として２要因配置分散分析を行ったところ、性別の主効果（$F(1/144)=35.05\ p<.01$）のみ有意であった。なお以降の分析では、他の尺度においても、各因子に属する項目の評定値をそれぞれ単純加算したものを因子得点とする。

(2)　変数間の相関

相関を仮定しない教師の指導態度と親の養育態度の関係を除き、各因子間の関係を検討するためにピアソンの積率相関係数を算出した（表３）。服従的養育態度と共感性以外の全ての変数間に有意な正の相関が認められた。尺度の内部相関を除くと、指示的指導態度（r=.58）、受容的指導態度（r=.44）と学級集団構造の協和性の間、指示的指導態度と学級集団構造の被援助性の間（r=.47）、学級集団構造の協和性と共感性（r=.44）の間に、相対的に大きな値の正の相関が認められた。これらは、指導態度と学級集団構造、学級集団構造と共感性に、それぞれ強い関連が存在することを示唆している。

(3)　仮説モデルの検証

図１に示す仮説モデルを検証するために、まず、潜在変数として「教師の指導態度」、「親の養育態度」「学級集団構造」を仮定し、「教師の指導態度」は「学級集団構造」を媒介して観測変数である児童の「共感性」に影響を与える。さらに、「親の養育態度」は「学級集団構造」

表3 変数間の相関

	受容的 指導態度	親和的 指導態度	服従的 養育態度	協和性	被援助性	共感性
指示的指導態度	.576**	.388**	—	.583**	.468**	.362**
受容的指導態度	—	.504**	—	.442**	.329**	.295**
親和的指導態度	—	—	—	.287**	.259**	.208*
受容的養育態度	—	—	.306**	.295**	.307**	.230**
服従的養育態度	—	—	—	.251**	.281**	.153
協和性	—	—	—	—	.627**	.441**
被援助性	—	—	—	—	—	.370**

** p<.01 * p<.05

を媒介するとともに、直接的にも児童の「共感性」に影響を与えると想定し、共分散構造分析によるパス解析によって分析を行った。潜在変数「教師の指導態度」の観測変数として3つの因子得点を、潜在変数「親の養育態度」の観測変数として第1因子と第2因子の因子得点を、さらに、潜在変数「学級集団構造」の観測変数としては、第1因子と第2因子の因子得点を用いた。

分析の結果、「親の養育態度」から児童の「共感性」へのパス係数が有意でなかったことから、このパスを削除し、再度分析を行った。その結果、モデル全体の適合度は、χ^2=40.75 df=18 p<.01、GFI=.960、AGFI=.919、NFI=.922、CFI=.954、RMSEA=.074であった。図2にパス係数を示す。「教師の指導態度」から「学級集団構造」へのパス係数は.81であり、教師の指導のあり方が学級集団構造の形成に大きく影響すると同時に、「親の養育態度」から「学級集団構造」へのパス係数も.41と有意であ

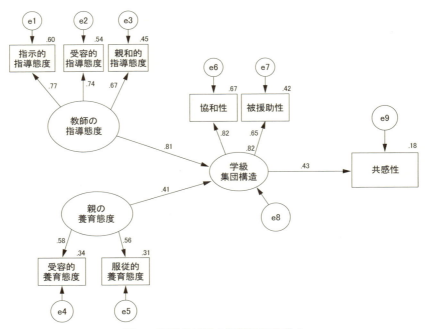

図2 児童共感性の影響過程分析1

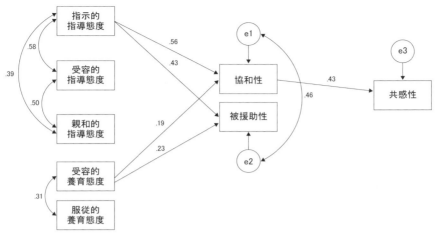

図3　児童共感性の影響過程分析2

ることから、児童の学級における対人関係である学級集団構造は、家庭における親の養育態度によっても影響を受けることが示唆された。さらに、「学級集団構造」から児童の「共感性」へのパス係数が.43であることから、高学年児童の場合、学級内での級友との関係の持ち方や体験が、他者を思いやる共感性を育成、促進することが示唆された。

次に、観測変数間の関係を詳細に検討するために、観測変数を対象として、共分散構造分析によるパス解析を行った。表3の結果より、外生変数である「指示的指導態度」、「受容的指導態度」、「親和的指導態度」の間、「受容的養育態度」と「服従的養育態度」の間に相関関係を仮定した。また、学級集団構造の「協和性」と「被援助性」の誤差間に共分散を仮定した。分析にあたっては、モデル内の変数間に想定しうる全てのパスを仮定し、5％水準で有意とならなかったパスは削除しながら分析を繰り返した。最終的なモデル全体の適合度は、χ^2=27.81 df=18 n.s.、GFI=.955、AGFI=.910、NFI=.916、CFI=.967、RMSEA=.061であり、ほぼ満足できる水準であった。図3にパス係数を示す。教師の「指示的指導態度」は学級集団構造の「協和性」と「被援助性」双方の育成促進に有意な影響を与えていた。また、親の「受容的養育態度」も学級集団構造の「協和性」と「被援助性」に有意な影響を与えていた。さらに、学級集団構造の「協和性」は、児童の「共感性」の昂進に有意な影響を与えていた。

さらに、共感性に性差がみられたことから、図2のモデルについて多母集団同時分析により男女間の違いを検討した。モデルの適合度は、χ^2=55.36 df=36 p<.05、GFI=.947、AGFI=.895、NFI=.898、CFI=.960、RMSEA=.048であった。女子児童においては、「教師の指導態度」から「学級集団構造」へ.82、「親の養育態度」から「学級集団構造」へ.40、「学級集団構造」から児童の「共感性」へは.33の有意な（p<.01）パス係数が得られ、図2と同様の結果が認められた。他方、男子児童においては、「教師の指導態度」から「学級集団構造」へ.81、「学級集団構造」から児童の「共感性」へは.47の有意な（p<.01）パス係数が得られたが、「親の養育態度」から「学級集団構造」へは有意なパスは見られず、学級集団構造に対する親の養育態度の影響は、女子児童に限られる可能性が示唆された。

4．考察と今後の課題

本研究では、学級集団における共感性育成促進の可能性を明らかにするために、教師の指導

態度が学級集団構造を媒介して児童の共感性に影響する、また同時に、親の養育態度も影響するとの因果モデルを設定し、共分散構造分析による検討を行った。その結果、教師の指示的指導態度、即ち「友だちの気持ちを考えて行動するように言う」など児童のとるべき行動を直接指示要請する指導態度が、チームワークがとれ、仲が良く、協力的に学級活動を行う関係性である学級集団構造の協和性を促進し、この協和性が児童の共感性を促進することが示唆された。本研究の結果は、良好な仲間関係の中で自由に意見交換することにより、他者の考えや立場を理解し、協力しながら、相互援助を含めた日々の活動を行い、多くの共有体験を持つことが、共感性の促進育成には重要であることを示している。本研究で興味深いのは、親の養育態度が直接児童の共感性に影響を与えるのではなく、学級構造を媒介して、児童の共感性に影響を与える点である。学級集団構造は、既述のように学級集団における児童の対人関係のあり様である。八越・新井（2007）は、親の養育態度が児童の対人関係の力量である社会的スキルに影響を及ぼすとしていた。この結果を考慮すると、良好な社会的スキルの存在が、学級における協和的な関係性を形成し、これが、他者の立場に立つ経験や種々の学級活動を共有する体験を促進することによって、当該児童の共感性が育成されるものと推測される。ただし、この養育態度の影響は女子児童においてのみ認められるものであった。本研究のみからこの性差の原因を明らかにすることは困難であるが、辻道ら（2017）においても性差が見られたことを勘案すると、性別にモデルを構成し、学級における共感性育成過程を明らかにする必要があろう。今後の課題である。

本研究では、教師の指導態度のうち、学級集団構造を媒介して共感性に影響を与えるのは、指示的な指導態度であった。従来から、教師の指導態度に関しては、受容、激励といった「子ども主体」の指導態度と指示、命令、批判とい

った「教師主体」の指導態度のどちらが相対的に効果的であるかが検討され、さらには受容（A）と要求（D）に基づく類型化（木原、1982）の観点からも考察が行われてきたが、その結果は、どちらが効果的と一概に言えるものではなく（小川、1979）、またAD類型についても、実証的研究の結果は明確なものではない。しかし、本研究の結果は、指示的な指導態度が有効であることを明解に示すものである。説得への抵抗に関する発達的研究によると、小学生では高圧的、断定的説得の場合に肯定的な反応が見られること（上野、1990）、また、勢力資源研究によると、小学生は教師の勢力資源として、教師の権威をそのまま受け入れる「正当性」を強く付与する傾向があること（田崎、1979）から、小学生においては、教師の指示的態度が受容的態度よりも効果的な指導法である可能性が推測される。

＜文献＞

浅川潔司・松岡佐織（1984）「共感性に関する発達的研究」『兵庫教育大学研究紀要』第3号 pp.97-103

橋本巌・堀内美佳・森下典明（1996）「児童の共感性と友人関係における共有体験との関連」『愛媛大学教育学部紀要教育科学』第42号第2巻 pp.61-78

井上恭子（1995）「児童後期における社会的スキルと母親の養育態度との関連」『臨床教育心理学研究』第21号 pp.137-146

今野仁博（2014）「アタッチメントと感情的共感性の関連－ポジティブ感情・ネガティブ感情に着目して－」『感情心理学研究』第22号 p.28

小玉陽士（2008）「親の養育態度が高校生の共感性に及ぼす影響」『日本教育心理学会第50回総会発表論文集』p.308

大浦真一・福井義一（2015）「愛着の顕在・潜在的内的作業モデルが共感性に及ぼす影響－潜在連合テストを用いた検討－」『感情心理

学研究』第23号 p.35

松井豊（2014）「第6章　思いやり行動を取る心の動き」高木修・竹村和久（編）『思いやりはどこから来るの？－利他性の心理と行動』　誠信書房 pp.103-116

三島浩路（2013）「高校生の仲間関係と学級適応－仲間集団の排他性と学級雰囲気との関連－」『中部大学現代教育学部紀要』　第5号 pp.19-27

三島美砂・宇野宏幸（2004）「学級雰囲気に及ぼす教師の影響力」『教育心理学研究』　第52号 pp.414-425

三隅二不二・吉崎静夫・篠原しのぶ（1977）「教師のリーダーシップ行動測定尺度の作成とその妥当性の研究」『教育心理学研究』第25号 pp.157-166

根本橘夫（1983）「学級集団の構造と学級雰囲気およびモラールとの関係」『教育心理学研究』第31号 pp.211-219

小川一夫（1979）「第3章 教師の指導性」小川一夫（編著）『学級経営の心理学』北大路書房 pp.67-84

佐藤静一・篠原弘章（1976）「学級担任教師のPM式指導類型が学級意識及び学級雰囲気に及ぼす効果」『教育心理学研究』　第26号 pp.235-246

桜井茂男（1986）「児童における共感性と向社会的行動の関係」『教育心理学研究』　第34号 pp.342-346

田崎敏昭（1979）「児童・生徒による教師の勢力資源の認知」『実験社会心理学研究』　第18号 pp.129-138

谷口弘一・田中宏二（2004）「親の養育態度が児童・生徒の社会的スキル、学校適応感、および絶望感に及ぼす効果」『岡山大学教育学部研究集録』第127号 pp.21-27

塚本伸一（2017）「教師の指導態度、学級集団構造、学級雰囲気が児童の向社会的行動に及ぼす影響」『キリスト教教育研究』　第34号 pp.21-36

辻道英里奈・植田瑞穂・桂田恵美子（2017）「大学生の向社会的行動および共感性と親子関係との関連」『関西学院大学心理科学研究』第43号 pp.49-54

辻岡美延・山本吉廣（1976）『親子関係診断尺度EICA』日本心理テスト研究所

上野徳美（1990）「教育場面における説得への抵抗に関する発達的研究」『教育心理学研究』第38号 pp.251-259

八越忍・新井邦二郎（2007）「母親の養育態度が小学生の社会的スキル、共感性、学級適応に及ぼす影響」『発達臨床心理学研究』第18号 pp.33-40

Appendix 1　教師の指導態度尺度項目

1　友だちの気持ちを考えて、行動するように言う
2　試合やゲーム負けた時、一人に責任をなすりつけるのはいけないと言う
3　学級のだれとでも仲よくするように言う
4　人を差別しないように言う
5　友だちどうし助け合って勉強や運動をするように言う
6　失敗してもばかにしないで、親切に教えてくれる
7　まちがったことをしたとき、すぐしからないでなぜしたかを聞く
8　人がまちがったことを言っても、わらわないように言う
9　うけもちの先生は、いつも親身になって話しを聞いてくれる
10　なにか困ったことがあるとき、相談にのってくれる
11　さびしそうにしている子がいると声をかける
12　あなたの気持ちをわかってくれない
13　授業中、おもしろいことを言って笑わせる
14　いっしょに遊んだり、話しかけてくれる
15　よくレクリエーションやゲームをやってくれる

Appendix 2　学級集団構造尺度項目

1　あなたの学級はチームワークがとれていますか
2　あなたの学級は、明るく楽しいですか
3　あなたの学級は、男女の仲がよいですか
4　新しい遊びや面白い遊びをみつけたら、学級のみんなとやりたいですか
5　あなたの学級は、協力的ですか
6　あなたの学級は、学級会や授業中にみんなが意見を出しやすいですか
7　あなたの学級では、成績の悪い子やからだの弱い子をみんなで助け合っていますか
8　あなたの学級での話し合いで決られたことは、みんなが守っていますか
9　あなたが困っていると、学級のみんなは、あなたを助けてくれますか
10　学級の友達は、あなたの気持ちをよくわかってくれますか
11　あなたの学級の人たちはみんなあなたに親切にしてくれますか
12　あなたの学級の友達が困っているときあなたは助けてあげますか
13　あなたの学級は、自分勝手な人が多いですか。
14　あなたの学級には、まちがったことをいうと笑う人がいると思いますか
15　あなたの学級では、弱いものいじめや仲間はずれがありますか

Appendix 3　共感性尺度項目

1　だれとも遊べないで、ひとりぼっちでいる子を見ると、かわいそうになります
2　けがをして痛がっている子を見ると、とてもかわいそうになります
3　友だちがニコニコ笑っているのを見ると、なんとなく楽しくなります
4　悲しい映画やドラマを見ていると、つい泣いてしまうことがあります
5　動物がきずついて苦しそうにしているのを見ると、かわいそうになります
6　元気のない子を見ると、心配になります
7　泣いている子を見ると、自分までなんだか悲しい気持ちになります

研究論文

<研究論文>

学校長の心理的特性が教師への
ラインケアに及ぼす影響
―主観的幸福感及びレジリエンスに着目して―

An Influence of Principals' Psychological Character to the "Line Care" for their
Subordinates of Teachers: Focus on the Principals' Subjective Feeling of Happiness and
Resilience

楠本奈緒子（和歌山県公立中学校）　吉井健治（鳴門教育大学）

　　本研究の目的は、小中学校の校長が認知したラインケア必要度とライ
ンケア実施度を明らかにし、また、校長の主観的幸福感及びレジリエン
スとラインケアとの関係を明らかにすることである。方法は、質問紙調
査を行い、学校長160名を分析対象とした。調査票は、個人的ラインケ
アの項目、組織的ラインケアの項目、主観的幸福感尺度、精神的回復力
尺度などから構成された。結果の分析では、まず、個人的ラインケア必
要度、個人的ラインケア実施度、組織的ラインケア必要度、組織的ライ
ンケア実施度について、それぞれ因子分析を行った。次に、学校種、校
長職経験年数、学校規模とラインケアとの関係を検討した結果、小学校
校長は、中学校校長よりも個人的ラインケア必要度及び組織的ラインケ
ア必要度が有意に高かった。また、主観的幸福感が高い校長は、個人的
ラインケア実施度が有意に高かった。同様に、レジリエンスが高い校長
は、個人的ラインケア及び組織的ラインケアの実施度が有意に高かっ
た。

キーワード：ラインケア　メンタルヘルス　校長　レジリエンス
　　　　　　主観的幸福感

1．問題と目的

　教師の勤務状況やメンタルヘルスに関する問
題は、大きな社会問題として取り上げられるよ
うになってきた。日本の教師の1週間当たりの
勤務時間は、OECD国際教員指導環境調査（国
立教育政策研究所、2014）によると、53.9時間
で、調査参加34カ国中最長であった（参加国平

均38.3時間）。また、「平成27年度公立学校教職
員の人事行政状況調査」（文部科学省、2016）
によると、教育職員の精神疾患による病気休職
者数は、5,009人（全教育職員数の0.54％）であ
り、平成19年度以降、5,000人前後で推移し、
依然として高い水準である。

　このような中、文部科学省（2017）は「学校
における働き方改革」を早急に進めていく必要

があるとし、教師が疲労や過度な心理的負担によって心身の健康を損なうことのないよう、国や社会全体で学校での働き方について見直しが迫られているとしている。

文部科学省（2013）は、教職員のメンタルヘルスの保持等への予防的取組として管理職によるラインによるケアの充実を示した。

ラインケアとは、厚生労働省（2006）によると、「管理監督者（上司）が、部下の心の健康づくりのために行う活動のこと」と説明されている。具体的には、上司は部下の労働時間や仕事の質や量をチェックし、職場での人間関係が円満に維持されているかどうか、常に把握するよう努めなければならない。そのためには、上司が部下の仕事内容を的確に把握し、部下からの不満や、抱えているストレス、仕事に対する意欲などについて傾聴する時間を確保することが重要である。

学校においては、校長は最高責任者であり、ラインケアにおけるキーマンでもあるといえる。本研究では、特に教職員を管理する立場にある校長によるラインケアについて着目したいと考えた。

また、原（2013）は、個人を対象として早期発見や対応、治療、職場復帰と再発防止という取組である「個人志向型」と、職場環境や組織を含めて、精神疾患への罹患を未然に防ぐという「組織志向型」の両者を統合して行うことで、より効率的にかつ自然にメンタルヘルス不調の予防施策を行うことができると指摘している。このことからも、校長個人のレベルではなく、学校組織としてラインケアの体制が確立していれば、個人的な影響が低減される可能性があるのではないかと考え、組織的なラインケアの取組に着目した。

一方、井上（2010）は、管理職のストレスがラインケアの実施に影響を与える可能性が高いと述べている。校長は、一般教師以上に外部と関係する職務が大きな比重を占めているため、多くのストレスを抱え込んでしまうことにもな

りかねない。校長自身が強いストレスにさらされ、本来行うべき部下の教師へのラインケアが十分行えなくなる深刻な状況も考えられる。

そこで、本研究では、ストレスからの立ち直りに重要なレジリエンスに着目し、校長のレジリエンスの違いによってラインケアの実施状況に影響が出るのではなかろうかと考えた。また、職務満足感や人生の満足度につながる指標として主観的幸福感に着目し、校長の主観的な幸福感の違いによるラインケアの実施状況についても関係があるのではなかろうかと考えた。

本研究の第1の目的は、小中学校校長が、どのようなラインケアを必要と考え、どのように実施しているのかを明らかにすることである。第2の目的は、校長の心理的特性としてのレジリエンス及び主観的幸福感が、校長から教師へのラインケアにどのような影響を与えるのかを明らかにすることである。

2．方法

(1) 項目の選定・作成

個人的ラインケア必要度及び実施度の測定項目の作成にあたっては、井上（2010）が作成したラインケア尺度を基に、得点の高かった10項目を選び作成した。組織的ラインケア測定項目については、心理学を専門とする大学教員1名と検討を行い、23項目を作成した。主観的幸福感を測定する尺度として、伊藤・相良・池田・川浦（2003）によって、心理的健康を表す指標としての主観的な幸福感を測定する目的で作成された主観的幸福感尺度を使用した。レジリエンスは、小塩・中谷・金子・長峰（2002）作成の精神的回復力尺度を使用した。

(2) 調査対象

A県B県の小中学校校長226名に質問紙調査を実施した。分析対象者は、小学校長114名、中学校長46名、計160名だった。なお、欠損値があるので、各分析における人数は異なっている。

（3） 調査時期

2017年7月～8月

（4） 調査票の構成

調査票は、①フェイスシート、②個人的ライ
ンケア必要度及び実施度の項目（10項目×2通
り）、③組織的ラインケア必要度及び実施度の
項目（23項目×2通り）、④自由記述、⑤主観
的幸福感尺度（12項目）、⑥精神的回復力尺度
（21項目）から構成された。

なお、個人的ラインケアの項目と組織的ライ
ンケアの項目については、1つの項目について
同時に2つの回答（ラインケア必要度と実施度
について）それぞれ求める形式とした。

個人的ラインケア必要度及び組織的ライン
ケア必要度の項目は、「1：全く必要ない」～
「5：とても必要である」の5件法で問うもの
とした。

個人的ラインケア実施度及び組織的ライン
ケア実施度の項目は、「1：全く行わない」～
「5：とても行う」の5件法で問うものとした。

自由記述は、特色のある取組あるいは特に力
を入れてきた取組及び今後力を入れたい取組に
ついて自由記述で回答を求めた。

主観的幸福感尺度は、1～4までの4段階で
評定を求め合計得点を算出し、主観的幸福感得
点とした。

精神的回復力尺度は、「いいえ」「どちらかと
いうといいえ」「どちらでもない」「どちらかと
いうとはい」「はい」の5件法で行い、逆転項
目の処理を行った後に全21項目の得点を算出
し、レジリエンス得点とした。

（5） 調査手続き

A県では、校長会に協力を依頼し、各市町村
教育委員会を通して各学校長に調査票を配布し
た。B県では、県教育委員会に協力を依頼し、
各市町村教育委員会を通して各学校長に調査票
を配布した。調査手続きについては、それぞれ
の教育委員会の方針等もあり、若干の違いが生
じることとなった。回収は、すべて個別の封筒
に入れ、郵送法で回収した。

分析にあたっては、SPSS ver.23.0によって
処理が行われた。

3．結果

（1） 個人的ラインケア必要度尺度及び個人的ラ
インケア実施度尺度

測定項目の10項目について、主因子法プロマ
ックス回転により因子分析を行った。固有値の
減衰状況を確認したところ3因子構造が確認さ
れた。そこで、因子数を3に固定し、因子分析
を実施し、3因子9項目を採用した（表1及び
表2）。

第I因子（4項目）は、個人的な心配事や不
安などがあるときに元気づけたり、アドバイス
をしたりするなどの支援の内容であったため
「支持的支援」と命名した。

第II因子（3項目）は、日頃から話を聞き、
声をかけ小さな変化も見逃さないようにする内
容であったため「予防的支援」と命名した。

第III因子（2項目）は、一緒に動くという内
容であったため「協働的支援」と命名した。

個人的ラインケア必要度尺度の信頼性係数
は、「支持的支援」因子が $\alpha = .86$、「予防的支援」
因子が $\alpha = .88$、「協働的支援」因子が $\alpha = .78$
と高かった。

個人的ラインケア実施度尺度の信頼性係数
は、「支持的支援」因子が $\alpha = .91$、「予防的支援」
因子が $\alpha = .81$、「協働的支援」因子が $\alpha = .76$
と高かった。

（2） 組織的ラインケア必要度尺度

測定項目の23項目について、主因子法プロマ
ックス回転により因子分析を行った。固有値の
減衰状況を確認したところ3因子構造が確認さ
れた。そこで、因子数を3に固定し、因子分析
を実施し3因子15項目を採用した（表3）。

第I因子（7項目）は、新採教員や若手教員
を育てる環境の設定や働きやすい職場環境につ
いて共通理解を図るなど職場環境を整える内容
であったため「環境調整的支援」と命名した。

第II因子（6項目）は、校内で委員会を設置

したり主幹教諭や学年主任を活用したりする内容であったため「組織活用的支援」と命名した。

第Ⅲ因子（2項目）は、勤務の割り振りやノー残業デーの設定など勤務時間を工夫する内容であったため「業務効率化支援」と命名した。

信頼性係数は、「環境調整的支援」因子が α = .88、「組織活用的支援」因子が α = .79、「業務効率化支援」因子が α = .62であった。

(3) 組織的ラインケア実施度尺度

組織的ラインケア必要度尺度と同様に因子分析を行った結果、3因子14項目を採用した（表4）。

第Ⅰ因子（7項目）は、新採教員や若手教員を育てる環境の設定や働きやすい職場環境について共通理解を図るなど職場環境を整える内容

表1　個人的ラインケア必要度測定項目の因子分析結果

項目内容（α=.86）	因子負荷量		
	Ⅰ	Ⅱ	Ⅲ
第Ⅰ因子「支持的支援」（α=.86）			
9 教職員に個人的な心配事や不安があるとき，元気づける	.89	-.07	-.06
8 教職員に個人的な心配事や不安があるとき，気持ちを理解するよう努める	.77	.11	-.06
10 教職員に個人的な心配事や不安があるとき，いろいろと解決方法をアドバイスする	.75	-.11	.17
7 教職員に個人的な心配事や不安があるとき，話をよく聞く	.64	.17	.00
第Ⅱ因子「予防的支援」（α=.88）			
1 常日頃から，教職員に言葉をかける	-.07	.99	.03
2 常日頃から，教職員の話を聞く	-.03	.78	.08
3 常日頃から，教職員の気持ちを理解するよう努める	.15	.72	-.10
第Ⅲ因子「協働的支援」（α=.78）			
5 教職員が保護者への対応で困っているとき，その保護者への対応を一緒に行う	-.02	-.05	.87
4 教職員が仕事上の問題で困っているとき，問題解決のため一緒に動く	.05	.09	.72

因子間相関		Ⅰ	Ⅱ	Ⅲ
	Ⅱ	.53	—	
	Ⅲ	.45	.29	—

表2　個人的ラインケア実施度測定項目の因子分析結果

項目内容（α=.90）	因子負荷量		
	Ⅰ	Ⅱ	Ⅲ
第Ⅰ因子「支持的支援」（α=.91）			
9 教職員に個人的な心配事や不安があるとき，元気づける	1.03	-.19	-.01
8 教職員に個人的な心配事や不安があるとき，気持ちを理解するよう努める	.78	.14	.00
10 教職員に個人的な心配事や不安があるとき，いろいろと解決方法をアドバイスする	.72	.01	.09
7 教職員に個人的な心配事や不安があるとき，話をよく聞く	.62	.32	-.02
第Ⅱ因子「予防的支援」（α=.81）			
1 常日頃から，教職員に言葉をかける	-.13	.82	.01
2 常日頃から，教職員の話を聞く	.05	.81	.04
3 常日頃から，教職員の気持ちを理解するよう努める	.21	.59	-.04
第Ⅲ因子「協働的支援」（α=.76）			
5 教職員が保護者への対応で困っているとき，その保護者への対応を一緒に行う	.11	-.11	.78
4 教職員が仕事上の問題で困っているとき，問題解決のため一緒に動く	-.07	.17	.74

因子間相関		Ⅰ	Ⅱ	Ⅲ
	Ⅱ	.67	—	
	Ⅲ	.56	.63	—

研究論文

表3　組織的ラインケア必要度測定項目の因子分析結果

項目内容（α =.86）	因子負荷量		
	I	II	III
第Ⅰ因子　「環境調整的支援」（α＝.88）			
20 働きやすい職場環境について学校内部で共通理解を図る	.82	.08	-.13
19 新採教員や若手教員を校内全体で育てる環境を構築する	.81	-.14	-.02
21 協同的な職場環境を意図的に設定する	.78	.00	.04
18 新任や転任教職員へのサポートを意識した体制を整える	.73	-.06	-.07
22 談話できる環境づくりや場を設定する	.72	.09	.00
23 業務の見直しを図り多忙感を解消する	.58	.02	.23
17 能力や適性を活かした適材適所の校務分掌を行う	.53	.04	-.03
第Ⅱ因子　「組織活用的支援」（α＝.79）			
5 教職員の精神的健康の保持増進に，校内でメンタルヘルス対策委員会などを組織する	-.02	.82	-.11
6 教職員の精神的健康の保持増進に，主幹教諭や学年主任を活用するなど組織で取り組む	-.08	.69	-.03
1 教職員の精神的健康の保持増進に，校内で研修を行う	-.04	.64	.02
15 学校安全衛生委員会で勤務環境や教職員の健康を点検する	.07	.61	.14
4 教職員の精神的健康の保持増進に，養護教諭を活用する	-.01	.47	.00
2 教職員の精神的健康の保持増進に，ストレスチェック等を実施する	.11	.47	.05
第Ⅲ因子　「業務効率化支援」（α＝.62）			
10 ノー残業デーを設定する	-.13	-.01	.72
11 勤務時間の割り振りを積極的に取り入れる	.08	.00	.65

因子間相関	I	II	III
II	.46	—	—
III	.37	.39	—

表4　組織的ラインケア実施度測定項目の因子分析結果

項目内容（α =.85）	因子負荷量		
	I	II	III
第Ⅰ因子　「環境調整的支援」（α＝.86）			
19 新採教員や若手教員を校内全体で育てる環境を構築する	.89	-.11	-.05
21 協同的な職場環境を意図的に設定する	.75	-.06	.08
18 新任や転任教職員へのサポートを意識した体制を整える	.73	-.02	-.05
20 働きやすい職場環境について学校内部で共通理解を図る	.65	.07	.04
17 能力や適性を活かした適材適所の校務分掌を行う	.64	.08	-.18
22 談話できる環境づくりや場を設定する	.54	.07	.12
8 教職員の意見をできるだけ反映するような学校運営を行う	.51	.06	.16
第Ⅱ因子　「健康啓発的支援」（α＝.78）			
14 不調があればメンタルヘルス相談やカウンセリングを利用するよう啓発する	.07	.87	-.15
13 精神性疾患に対する偏見を排除し，教職員の早期の治療を促す	-.01	.78	.04
15 学校安全衛生委員会で勤務環境や教職員の健康を点検する	-.05	.55	.15
第Ⅲ因子　「業務効率化支援」（α＝.61）			
9 年間勤務計画等を作成し，計画的に休暇が取れるようする	-.07	.09	.58
10 ノー残業デーを設定する	-.03	-.11	.57
11 勤務時間の割り振りを積極的に取り入れる	.11	-.02	.53
1 教職員の精神的健康の保持増進に，校内で研修を行う	-.01	.18	.38

因子間相関	I	II	III
II	.42	—	—
III	.47	.52	—

表5　学校種、校長職経験年数、学校規模と個人的ラインケア必要度の関係

学校種	小学校			中学校			主効果			交互作用
校長職経験年数	2年以下	3～5年	6年以上	2年以下	3～5年	6年以上	学校種	経験年数	学校規模	3.30*
個人的ラインケア必要度平均点	4.63	4.45	4.46	4.12	4.42	4.37	7.95**	.20	n.s.	中・2年以下< 小・2年以下
（標準偏差）	(.07)	(.06)	(.08)	(.14)	(.08)	(.11)				

*p＜.05, **p＜.01

表6　学校種、校長職経験年数、学校規模と組織的ラインケア必要度の関係

	小学校		中学校		主効果			交互作用
	M	SD	M	SD	学校種	校長職経験年数	学校規模	n.s.
組織的LC必要度得点	4.13	.04	3.97	.06	5.38*	n.s.	n.s.	

*p＜.05

であったため「環境調整的支援」と命名した。

第Ⅱ因子（3項目）は、精神性疾患に対する偏見を排除し、教職員の早期の治療を促し不調があればメンタルヘルス相談等を利用するよう啓発するなどの内容であったため「健康啓発的支援」と命名した。

第Ⅲ因子（4項目）は、計画的に休暇がとれるよう勤務の割り振りやノー残業デーの設定など勤務時間を工夫する内容であったため「業務効率化支援」と命名した。

信頼性係数は、「環境調整的支援」因子が α ＝.86、「健康啓発的支援」因子が α ＝.78、「業務効率化支援」因子が α ＝.61であった。

(4)　学校種、校長職経験年数、学校規模とラインケアの関係

学校種、校長職経験年数、学校規模とラインケア必要度及び実施度にはどのような関係があるのかを検討した。

校長職経験年数の群分けについては、井上（2010）を参考に3群に分けた。校長職経験年数2年以下（校長職として経験が浅い段階）が53人、同3～5年（経験のある校長職としての段階）が67人、同6年以上（校長職としてのベテランの段階）が37人となった。

学校規模の群分けについては、小学校も中学校も児童生徒数200人以下、と201人以上の2群に分けた。

①個人的ラインケア必要度

学校種2群と校長職経験年数3群と学校規模2群を独立変数、個人的ラインケア必要度合計得点を従属変数とする3要因分散分析を行った結果、学校種の主効果のみ有意であった（F（2、142）=7.95、p＜.01）。また、学校種、校長職経験年数の交互作用が有意であった（F（2、142）=3.30、p＜.05）。以上の結果を表5に示した。

②組織的ラインケア必要度

学校種2群と校長職経験年数3群と学校規模2群を独立変数、組織的ラインケア必要度合計得点を従属変数とする3要因分散分析を行った結果、学校種の主効果が有意であった（F（2、142）=5.38、p＜.05）。以上の結果を表6に示した。

なお、個人的ラインケア実施度及び組織的ラインケア実施度においては、いずれも有意差は見られなかった。

(5)　校長の主観的幸福感とラインケアの関係

校長の主観的幸福感を調べた結果、平均値36.87、標準偏差3.79、信頼性係数.83であった。

校長の主観的幸福感が、教師へのラインケアの必要度及び実施度にどのような影響を与えるのかを調べるため、校長の主観的幸福感（主観的幸福感の合計得点）3群（低群・中群・高群）を独立変数、ラインケア尺度合計点を従属変数

研究論文

とする１要因分散分析を行った。主観的幸福感
レベルの３群の群分けは、それぞれの主観的幸
福感合計得点の平均値を算出し、cut-off point
を平均値±１／２SDとした。

　校長の主観的幸福感と個人的ラインケア実施
度において、グループ間に有意差が見られた
（F（１、159）＝4.24、p＜.05）。多重比較を行
った結果、主観的幸福感低群と中群、低群と高
群の間に有意差（p＜.05）が認められ、個人
的ラインケア実施度合計得点は、主観的幸福感
中群及び高群の方が主観的幸福感低群よりも有
意に高いことが明らかとなった（表７）。

(6)　校長のレジリエンスとラインケアの関係

　校長のレジリエンスを調べた結果、平均値
3.66、標準偏差.44、信頼性係数.86であった。

　校長のレジリエンスが教師へのラインケアの
必要度及び実施度にどのような影響を与えるの
かを調べるため、校長のレジリエンス合計得点
の３群（低群・中群・高群）を独立変数、ライ
ンケア尺度合計点を従属変数とする１要因分散
分析を行った。３群の群分けは、それぞれの合
計得点の平均値を算出し、cut-off point を平均
値±１／２SDとした。

　校長のレジリエンスと個人的ラインケア実施
度において、グループ間に有意差が見られた
（F（１、159）＝5.41、p＜.01）。多重比較を行
った結果、レジリエンス低群と中群及び低群と
高群の間に有意差（p＜.05）が認められ、個
人的ラインケア実施度合計得点は、レジリエン
ス中群と高群の方がレジリエンス低群より有意
に高いことが明らかとなった（表８）。

　また、校長のレジリエンスと組織的ラインケ
ア実施度において、グループ間に有意差が見ら
れた（F（１、159）＝7.16、p＜.01）。多重比
較を行った結果、レジリエンス低群と高群の間
に有意差（p＜.05）が認められ、組織的ライ
ンケア実施度合計得点は、レジリエンス高群の
方がレジリエンス低群より有意に高いことが明
らかとなった（表８）。

表７　校長の主観的幸福感とラインケアの関係

主観的幸福感合計得点	n	個人的LC必要度得点 M（SD）	分散分析結果	
			F	多重比較
低群	35	39.8（3.69）	F＝1.90 n. s.	
中群	75	39.65（3.50）		
高群	50	40.88（3.59）		
合計	160	40.07（3.59）		

主観的幸福感合計得点	n	個人的LC実施度得点 M（SD）	分散分析結果	
			F	多重比較
低群	35	30.06（6.49）	F＝4.24*	低群＜中群* 低群＜高群*
中群	75	32.8（4.71）		
高群	50	33.24（5.23）		
合計	160	32.34（5.41）		

主観的幸福感合計得点	n	組織的LC必要度得点 M（SD）	分散分析結果	
			F	多重比較
低群	35	65.46（5.40）	F＝1.71 n. s.	
中群	75	64.77（6.21）		
高群	50	66.76（5.71）		
合計	160	65.54（5.91）		

主観的幸福感合計得点	n	組織的LC実施度得点 M（SD）	分散分析結果	
			F	多重比較
低群	35	42.00（6.46）	F＝2.25 n. s.	
中群	75	43.88（6.94）		
高群	50	45.36（8.00）		
合計	160	43.93（7.25）		

*p＜.05

**(7)　レジリエンス下位尺度（新奇性追求）とラ
インケアの関係**

　校長の新奇性追求合計得点３群（低群・中
群・高群）を独立変数、個人的ラインケア実施
度尺度合計得点を従属変数とする１要因分散分
析を行ったところ、グループ間に有意差が見ら
れた（F（１、159）＝8.13、p＜.001）。多重比
較を行った結果、新奇性追求低群と中群及び低
群と高群のそれぞれの間に有意差（p＜.05）
が認められ、個人的ラインケア実施度合計得点
は、新奇性追求高群の方が新奇性追求低群及び
中群よりも有意に高いことが明らかとなった
（表９）。

　また、校長の新奇性追求と組織的ラインケア
実施度において、グループ間に有意差が見られ
た（F（1,159）＝6.04、p＜.01）。多重比較を

表8 校長のレジリエンスとラインケアの関係

レジリエンス合計得点	n	個人的LC必要度得点 M (SD)	分散分析結果 F	多重比較
低群	56	39.5 (3.69)		
中群	56	40.02 (3.51)	F＝1.70	
高群	48	40.79 (3.51)	n.s.	
合計	160	40.07 (3.59)		

レジリエンス合計得点	n	個人的LC実施度得点 M (SD)	分散分析結果 F	多重比較
低群	56	30.52 (5.93)		
中群	56	32.96 (5.07)	F＝5.41**	低群＜中群*
高群	48	33.73 (4.63)		低群＜高群*
合計	160	32.34 (5.41)		

レジリエンス合計得点	n	組織的LC必要度得点 M (SD)	分散分析結果 F	多重比較
低群	56	64.8 (6.40)		
中群	56	65.91 (5.34)	F＝.67	
高群	48	65.98 (6.00)	n.s.	
合計	160	65.54 (5.91)		

レジリエンス合計得点	n	組織的LC実施度得点 M (SD)	分散分析結果 F	多重比較
低群	56	41.39 (6.12)		
中群	56	44.21 (7.08)	F＝7.16**	低群＜高群*
高群	48	46.56 (7.70)		
合計	160	43.93 (7.25)		

*p ＜ .05, **p ＜ .01

表9 校長の新奇性追求とラインケアの関係

新奇性追求合計得点	n	個人的LC必要度得点 M (SD)	分散分析結果 F	多重比較
低群	47	39.26 (3.84)		
中群	64	39.97 (3.13)	F＝2.88	
高群	49	40.98 (3.77)	n.s.	
合計	160	40.07 (3.59)		

新奇性追求合計得点	n	個人的LC実施度得点 M (SD)	分散分析結果 F	多重比較
低群	47	30.28 (6.44)		
中群	64	32.17 (4.67)	F＝8.13***	低群＜高群*
高群	49	34.53 (4.43)		中群＜高群*
合計	160	32.34 (5.41)		

新奇性追求合計得点	n	組織的LC必要度得点 M (SD)	分散分析結果 F	多重比較
低群	47	64.43 (6.03)		
中群	64	66.19 (5.45)	F＝1.26	
高群	49	65.78 (6.33)	n.s.	
合計	160	65.54 (5.91)		

新奇性追求合計得点	n	組織的LC実施度得点 M (SD)	分散分析結果 F	多重比較
低群	47	41.57 (6.57)		
中群	64	43.67 (6.38)	F＝6.04**	低群＜高群*
高群	49	6.53 (8.18)		
合計	160	43.93 (7.25)		

*p ＜ .05, **p ＜ .01, ***p ＜ .001

行った結果、新奇性追求低群と高群の間に有意差（p ＜.05）が認められ、組織的ラインケア実施度合計得点は、新奇性追求高群の方が新奇性追求低群よりも有意に高いことが明らかとなった（表9）。

(8) レジリエンス下位尺度（感情調整）とラインケアの関係

　校長の感情調整合計得点3群（低群・中群・高群）を独立変数、組織的ラインケア実施度尺度合計得点を従属変数とする1要因分散分析を行ったところ、グループ間に有意差が見られた（F（1,159）＝3.64、p ＜.05）。多重比較を行った結果、感情調整低群と高群の間に有意差（p ＜.05）が認められ、組織的ラインケア実施度合計得点は、感情調整高群の方が感情調整低群よりも有意に高いことが明らかとなった（表

10）。

(9) レジリエンス下位尺度（肯定的な未来志向）とラインケアの関係

　校長の肯定的な未来志向合計得点3群（低群・中群・高群）を独立変数、個人的ラインケア実施度尺度合計得点を従属変数とする1要因分散分析を行ったところ、グループ間に有意差が見られた（F（1,159）＝3.16、p ＜.05）。多重比較を行った結果、肯定的未来志向低群と高群の間に有意差（p ＜.05）が認められ、個人的ラインケア実施度合計得点は、肯定的未来志向高群の方が肯定的未来志向低群よりも有意に高いことが明らかとなった（表11）。

　また、校長の組織的ラインケアの実施度と肯定的な未来志向の関係において、グループ間に有意差が見られた（F（1、159）＝10.73、p ＜

研究論文

表10　校長の感情調整とラインケアの関係

感情調整合計得点	n	個人的LC必要度得点 M (SD)	分散分析結果	
			F	多重比較
低群	50	40.02 (3.78)	F = .38 n.s.	
中群	58	39.81 (3.53)		
高群	52	40.4 (3.51)		
合計	160	40.07 (3.59)		

感情調整合計得点	n	個人的LC実施度得点 M (SD)	分散分析結果	
			F	多重比較
低群	50	31.64 (6.05)	F = 1.02 n.s.	
中群	58	32.21 (5.11)		
高群	52	33.15 (5.08)		
合計	160	32.34 (5.41)		

感情調整合計得点	n	組織的LC必要度得点 M (SD)	分散分析結果	
			F	多重比較
低群	50	65.54 (6.66)	F = .86 n.s.	
中群	58	64.84 (5.66)		
高群	52	66.33 (5.43)		
合計	160	65.54 (5.91)		

感情調整合計得点	n	組織的LC実施度得点 M (SD)	分散分析結果	
			F	多重比較
低群	50	41.74 (7.10)	F = 3.64*	低群＜高群*
中群	58	44.52 (7.08)		
高群	52	45.38 (7.22)		
合計	160	43.93 (7.25)		

*p ＜ .05

表11　校長の肯定的な未来志向とラインケアの関係

肯定的な未来志向合計得点	n	個人的LC必要度得点 M (SD)	分散分析結果	
			F	多重比較
低群	55	39.53 (3.55)	F = 1.04 n.s.	
中群	61	40.23 (3.72)		
高群	44	40.52 (3.45)		
合計	160	40.07 (3.59)		

肯定的な未来志向合計得点	n	個人的LC実施度得点 M (SD)	分散分析結果	
			F	多重比較
低群	55	30.98 (5.46)	F = 3.16*	低群＜高群*
中群	61	32.62 (5.32)		
高群	44	33.64 (5.21)		
合計	160	32.34 (5.41)		

肯定的な未来志向合計得点	n	組織的LC必要度得点 M (SD)	分散分析結果	
			F	多重比較
低群	55	64.91 (6.36)	F = .90 n.s.	
中群	61	65.43 (5.36)		
高群	44	66.5 (6.08)		
合計	160	65.54 (5.91)		

肯定的な未来志向合計得点	n	組織的LC実施度得点 M (SD)	分散分析結果	
			F	多重比較
低群	55	40.84 (5.45)	F = 10.73***	低群＜中群* 低群＜高群*
中群	61	44.38 (6.90)		
高群	44	47.18 (8.20)		
合計	160	43.93 (7.25)		

*p ＜ .05, ***p ＜ .001

.001）。多重比較を行った結果、肯定的な未来志向低群と中群、低群と高群のそれぞれの間に有意差（p ＜ .05）が認められ、組織的ラインケア実施度合計得点は、肯定的未来志向高群及び中群の方が肯定的未来志向低群よりも有意に高いことが明らかとなった（表11）。

4．考察と今後の課題

(1)　小中学校におけるラインケアの実態

個人的ラインケア必要度及び実施度については、因子分析の結果はまったく同じ項目となったことから、校長は、自身が必要であると考えたラインケアを実際に行使していることが明らかとなった。多忙化や困難化の著しい学校現場においてもラインケアを実施している状況から、教師のメンタルヘルス対策について管理者としての積極的な姿勢が伺えたといえる。

一方、組織的ラインケアについては、因子分析の結果、因子構造に違いが見られた。第Ⅱ因子が、組織的ラインケア必要度では「組織活用型支援」であったのに対して、組織的ラインケア実施度では「健康啓発的支援」であり、項目にも違いがあった。これは、校長として組織活用的支援を必要であると判断しているのに対して、実際には健康啓発などより実施しやすく、早急に求められている支援を行っている状況であるといえる。

組織的な取組が推進できない理由の一つとして、藤原（2014）は、教育委員会も各学校の管理職も教師のストレスに関して、その全体的な枠組を捉えた上での理解ができていないため、

支援方略を包括的に検討できないことが考えられると述べている。

組織を変えていくことは、学校全体に影響を与えることになり、時間的にもコスト的にも労力のかかる大きな改革となりかねないが、教師の長時間勤務の是正や休憩時間の確保など、若手の人材育成や能力開発等の視点からも、組織的ラインケアの充実が望まれる。

⑵　校長職経験年数とラインケア

ラインケアの必要度及び実施度について、学校種や校長職経験年数及び学校規模によって違いが生じるのかを検討した結果、小学校においては、校長としての経験が浅い頃は、個々の担任が最大限に力を発揮できるよう、特に支援や配慮を行っているが、校長として経験を積む過程で、教師への支援だけでなく、新たな課題の発見や問題への対応に視点が広がっていくことが伺える結果となった。

今回の調査では、学校規模による差は見られなかったことから、規模の大小にかかわらず、それぞれに特有の課題や現状があることを反映した結果であると考える。

⑶　校長の心理的特性とラインケア

自分は幸せであると感じている、いわば心に余裕のある状態にあれば、部下にも積極的に声をかけ、日常生活にも支持的に気配りできている状況が想像できる。大塚・鈴木・高田（2007）は、ストレス対処は、本来有害なストレッサーを解決するために発動される反応型のものであるが、幸福感などのポジティブな度合いが高ければ、あらかじめストレッサーの発生そのものを抑えるという事前対応型のストレス対処を行うこともできるとしている。よって、主観的幸福感の高い校長は、ポジティブな幸福感を持ち、教師への支援を積極的に行うことで、自他共にストレスの発生を抑制している可能性があるといえる。

一方、実際にラインケアを実施するかどうかは、その状況における校長の心理状態による影響が非常に大きいと推察される。メンタルヘルスに関する諸々は、言葉での表現が難しく、またすぐに効果が表れないことも多い。そこをあえて実施するかどうかは、校長自身の精神的な強さやしなやかさに大きく左右されるのではないかと考える。そうであるならば、レジリエンスの高さは校長に必要な資質の一つといえるのではなかろうか。

レジリエンスとは、Rutter（1985）によって示された概念であり、「深刻な危険性にもかかわらず、適応しようとする現象」と定義されている。つまり、危機的な状況からの立ち直りを意味している。このように、レジリエンスは従来、個人内での逆境からの立ち直りや、ネガティブな心理状態からの回復に有効であるとされてきたが、今回の研究では、他者へのサポートや組織的な取組にも影響を及ぼすことが確認されたといえる。つまり、自分自身の精神的な回復力という範疇にとどまらず、自分以外の他者への働きかけについても影響があるという、レジリエンスのダイナミックさを示す結果となった。

「学校における働き方改革」が叫ばれている昨今、ワークライフバランスの調和のとれた働き方が求められている。つまり、やりがいや充実感を持って働くことができるのと同時に、健康で豊かな生活を送ることができるということである。こうした教師のワークライフバランスの実現のためには、管理職の意識や働きかけが今後一層重要になると考えられる。

⑷　今後の課題

第1に、今回校長視点でのラインケアについて調査研究を行ったが、ラインケアの受け手である教師側には調査を行っていないことが挙げられる。

第2に、今回はもう一人の管理職である教頭には調査を行っていない。組織的なラインケアを行っていくためには、教頭の協力や働きが欠かせない。今後は教頭との関係や校長の行政経験の有無等、条件面を詳しく調査検討する必要がある。

第3に、研究方法上の課題としては、質問紙調査だけでなく、面接調査等を組み合わせることで、より具体的かつ深い内容に迫ることができるのではないかと考える。

＜文献＞

藤原忠雄（2014）「教師ストレスへの支援の在り方に関する基礎的研究－性、年代、校種による差異、及び包括的なストレス構造の検討－」『兵庫教育大学連合大学院博士学位論文』pp.6_http://repository.hyogo-u.ac.jp/dspace/bitstream/10132/15402/1/（2017年9月30日最終取得）

原雄二郎（2013）「労働者におけるメンタルヘルス不調の現状とその予防について」『日本労働研究雑誌』第635号 pp.4-15

井上博之（2010）「小中学校における「ラインケア」の探索的研究」『兵庫教育大学大学院修士論文』

伊藤裕子・相良順子・池田政子・川浦康至（2003）「主観的幸福感尺度の作成と信頼性・妥当性の検討」『心理学研究』第74号 pp.276-281

国立教育政策研究所（2014）「OECD国際教員指導環境調査（TAILS）2013年調査結果の要約」http://www.nier.go.jp/kenkyukikaku/talis/imgs/talis2013_summary.pdf（2017年5月25日最終アクセス）

厚生労働省（2006）「労働者の心の健康の保持増進のための指針について　労働者の心の健康の保持増進のための指針（概要）」http://www.mhlw.go.jp/houdou/2006/03/h0331-1.

htm（2017年1月24日最終アクセス）

文部科学省（2013）「教職員のメンタルヘルス対策について（最終まとめ）」http://www.mext.go.jp/component/b_menu/shingi/toushin/__icsFiles/afieldfile/2013/03/29/1332655_03.pdf（2017年6月23日最終アクセス）

文部科学省（2016）「平成27年度公立学校教職員の人事行政状況調査について（概要）」http://www.mext.go.jp/component/a_menu/education/detail/__icsFiles/afieldfile/2017/07/31/1380732_01.pdf（2017年6月21日最終アクセス）

文部科学省（2017）「学校における働き方改革に係る緊急提言. 中央教育審議会初等中等教育分科会学校における働き方改革特別部会」http://www.mext.go.jp/b_menu/shingi/chukyo/chukyo3/079/sonota/__icsFiles/afieldfile/2017/09/04/1395249_1.pdf（平成29年12月15日最終アクセス）

大塚泰正・鈴木綾子・高田未里（2007）「職場のメンタルヘルスに関する最近の動向とストレス対処に注目した職場ストレス対策の実際」『日本労働研究雑誌』第49号（1）pp.41-53

小塩真司・中谷素之・金子一史・長峰伸治（2002）「ネガティブな出来事からの立ち直りを導く心理的特性－精神的回復力尺度の作成－」『カウンセリング研究』第35号 pp.57-65

Rutter, M.（1985）.Resilience in the face of adversity: protective factors and resistance to psychiatric disorder. British Journal of Psychiatry,Vol.147,pp.598- 611.

＜研究論文＞

小学校教師の困難を支える
援助体制の構築
―グランデッド・セオリー・アプローチによる仮説モデルの生成―

Construction of support system supporting the difficulties of elementary school teachers :
Hypothetical Models Using Grounded Theory

小沼豊 (東京純心大学)

　本研究は、小学校教師の援助要請が容易になされる援助体制について明らかにすることを目的として行われた。16名の小学校教師へ半構造化面接を行い、その中から得られた32事例に関するインタビューデータを、グランデッド・セオリー・アプローチを用いて分析を行った。分析のステップは大きく4つに分かれた。その結果、4のカテゴリーグループ、10のカテゴリー、27のサブカテゴリーが導き出され、援助体制のモデルを生成した。4つのカテゴリーグループは、【多面的な見立てと困難】【同僚教師の支え】【教師・保護者間の発達障害に対する理解と支援】【管理職の姿勢】であった。仮説的知見・モデルに考察を加えたところ、教師の抱えている困難に対して多面的な見立てに基づく、同僚教師の支えに関連しており、それらは管理職の姿勢ということが影響していることが示唆された。また本研究の課題として、教師の語りから得られた限定的なモデルであり、一般化に向けての精緻化が必要である。

キーワード：援助体制　援助要請　小学校教師
　　　　　　グランデッド・セオリー・アプローチ　同僚教師の支え

1．問題と目的

(1)　困難を抱える教員

　平成28年度の教師の病気休職は、7758名で、そのうち精神疾患を理由とするものが、4891名（63%）であり、そして約半数が所属勤務2年未満であった（文部科学省、2016）。精神疾患者は平成19年度以降、5000名前後で推移し、依然として高水準である。さらに、20代30代の若手教師の休職率が増加傾向にあるというのが特徴である。Kyriacou & Kunc（2007）によれば、教職に就いてから最初の数年間に多くの新規採用の教師が教科指導や生徒指導の悩みを抱え、教師として自信をなくし早期退職に追い込まれると指摘している。すなわち、新任教師の急増が推察され、若手教師が多くを占める学校下に

おいて、困難を抱えた際に援助の要請を容易にできるような援助体制の検討が急務と言える。

(2)　援助要請を容易にする援助体制

　困難を抱えた際の援助要請について、「被援助志向性」が挙げられる。「被援助志向性」とは、「何らかの困難に直面した者が、他者（管理職や同僚）に対して積極的に援助を求めるかどうかの認知的枠組み」である（水野・石隈、1999）。そして、援助要請は「実際に他者に援助を求める行動」である（田村・石隈、2002）。すなわち、他者からサポートが得られるかどうかといった認知である「被援助志向性」といったことが援助要請に影響を及ぼすのである。

　援助要請に関する研究に関して、水野・石隈（1999）は①デモクフィック領域（性別、年齢など）、②ネットワーク領域（ソーシャルサポートの有無など）、③パーソナリティ領域（自尊感情など）、④個人の問題といった４つの領域を整理し、１つ１つの領域について検討する必要性を示唆している。そして②ネットワーク領域に関するものとして、淵上・西村（2004）は、計量的な調査から援助要請は同僚や校内分掌間のコミュニケーションと関連していると述べている。一方で、管見の限り援助要請研究は、計量的な調査によるものが多く、教師個人からの語りによるモデル化の検討がなされたものは見当たらない。援助要請に関わる要因について、実証的な語りから見出すことが重要であろう。そしてまた、学校種（小学校・中学校・高等学校など）の特殊性も考慮した研究が求められる。

(3)　目的

　援助要請が容易になされる援助体制の検討について、中学校や高等学校などと異なる学級担任制において子どもや保護者との関係性が要求される小学校教師に着目する。小学校教師の抱える困難と援助要請について、語りから検討していくことを目的とする。

2．方法

(1)　データの収集

　①調査対象：市内の小学校に勤務している16名の教師を対象とした。その結果、32の事例に関する語りを得た。属性、対象教師の勤務校の児童数、教員数、SCの数、１学年当たりの学級数（表１）及び、事例の特性に関する詳細（表２）を示した。なお、今後、学校の中核を担っていく若手教師で、６年目までのキャリアを有している教員を対象にした。

表１　調査協力者の属性

協力者	教職歴	性別	勤務校			
			児童数	教員数	SCの数	一学年当たりの学級数
A	1年目	男性	604人	30人	1人	4学級
B	1年目	男性	223人	18人	0人	2学級
C	1年目	女性	452人	23人	1人	3学級
D	2年目	男性	372人	26人	1人	3学級
E	2年目	女性	631人	27人	1人	3学級
F	3年目	男性	245人	18人	0人	2学級
G	3年目	女性	995人	42人	1人	5学級
H	4年目	男性	257人	19人	0人	2学級
I	4年目	女性	519人	28人	1人	3学級
J	4年目	男性	776人	31人	1人	4学級
K	5年目	男性	270人	20人	0人	2学級
L	5年目	女性	985人	44人	1人	6学級
M	6年目	女性	439人	24人	1人	3学級
N	6年目	男性	523人	27人	0人	3学級
O	6年目	男性	816人	36人	1人	4学級
P	6年目	女性	738人	34人	1人	4学級

　②調査時期：2012年９月である。

　③調査内容：「教育実践における困難場面と相談した相手、そして必要と感じた援助体制」についてインタビューを行う旨を伝え、60分程度の半構造化面接を実施した。語ってもらう事例数は指定しなかったが、１人の教師が１ないし３つの事例（困難場面）について語りを行った。その結果、困難場面に関する事例については、①授業実践上の事例、②子ども理解に関す

表2　語られた事例の特徴

教師	教師歴	事例	相談の対象者	事例が生じた時期	事例内容
ステップ1					
教師N	6年	1	管理職（教頭）	3年目	保護者対応 学校システム（評価システム）
教師F	3年	2	学年主任	2年目	保護者対応＋授業実践
		3	管理職（教頭）＋学年主任	1年目	同僚教師との人間関係
教師B	1年	4	学年主任	1年目	保護者対応
		5	同僚教師	1年目	特別支援教育
		6	学年主任＋同僚教師	1年目	学校システム（評価システム）
ステップ2					
教師K	5年	7	学年主任	4年目	発達障害児対応（授業実践を含む）
		8	同僚教師	2年目	授業実践＋子ども理解
教師H	4年	9	学年主任＋同僚教師	3年目	保護者対応
		10	学年主任＋同僚教師	2年目	発達障害児対応（授業実践を含む）
教師D	2年	11	教務主任	2年目	子ども理解＋保護者対応
		12	同僚教師	1年目	特別支援教育
教師M	6年	13	管理職（校長・教頭）	5年目	学校システム（評価システム）
		14	学年主任	4年目	発達障害児対応（授業実践を含む）
ステップ3					
教師L	5年	15	管理職（校長・教頭）	4年目	教師体制（指導体制）
		16	同僚教師	3年目	保護者対応＋授業実践
教師I	4年	17	学年主任	2年目	同僚教師との人間関係
		18	学年主任＋同僚教師	3年目	保護者対応＋子ども理解
教師A	1年	19	学年主任	1年目	発達障害児対応（授業実践を含む）
教師E	2年	20	同僚教師	1年目	学校システム（評価システム）
		21	教務主任＋学年主任	2年目	子ども理解＋保護者対応
ステップ4					
教師G	3年	22	学年主任＋同僚教師＋SC	2年目	保護者対応＋授業実践
		23	同僚教師＋SC	1年目	同僚教師との人間関係
教師J	4年	24	学年主任＋支援員	3年目	保護者対応＋授業実践
		25	教務主任＋SC	4年目	教師体制（指導体制）
教師C	1年	26	SC＋支援員	1年目	子ども理解＋保護者対応
		27	学年主任＋SC	1年目	発達障害児対応
教師O	6年	28	学年主任＋支援員	2年目	教師体制（指導体制）
		29	同僚教師	3年目	学校システム（評価システム）
		30	同僚教師＋SC＋管理職（教頭）	4年目	特別支援学級での対応（保護者対応を含む）
教師P	6年	31	同僚教師＋支援員	3年目	発達障害児対応＋保護者対応
		32	学年主任＋SC＋管理職	5年目	特別支援学級での対応（保護者対応を含む）

※スクールカウンセラーは、SCと表記している
※支援員は、教室に入り子どもの学習支援を行う

る事例、③職場の人間関係（管理職を含む）に関わる事例、④保護者対応に関わる事例と4つから大別することができ、分析対象とした。得られた語りは、その後すべて逐語化した。

④倫理的配慮：教師に対して調査目的と事例によって個人が特定されることはないことなど

について書面を用いて説明し、録音に関する同意を得た上でインタビューを行った。

(2) データ分析の方法・手続き

先行研究では、初任者教員の困難感（秋田、1997）や職場サポート（諸富、2009）に関するものはあるが、それらを同軸で検討することが重要と言える。すなわち、困難場面と援助要請に関わる援助体制の視点である。そして、個々の教師の語りを丁寧に捉えることが大切になる。このような場面には、特に質的研究法が有効であるとの指摘（能智、2000）があるため、本研究では質的研究方法を選択した。分析はグランデッド・セオリー・アプローチを用いた（以下、GTA）。GTAにはいくつものバージョンがあるが、基本的な手続きは一致しており本研究では分析手続きの明瞭さから、Strauss & Corbin（操・森岡訳、2004）に準じた。また、分析過程をより具体的に示すため、下記の手順②、③に関しては表3にてデータ分析の例を示す。

表3　データ分析の具体例

発話例		コード	生成されたカテゴリー
教員2年目の時に、ある保護者から学校では「〇〇」のような教え方をしているようだが、「△△」の方が教え方として適切ではないか（教員F）	⇒	教師実践に対する関心	保護者の教育に対する熱心な関心
子ども同士のちょっとしたケンカがあって、連絡帳にその時の様子と対応したことなどを書いたのですが、電話が掛かってきて、もっと「〇〇」して下さいと長時間にわたり要望を聞いた（教員F）	⇒	子ども対応に対する関心	

①切片化：逐語録の中から「教育実践における困難場面と相談した相手、そして必要と感じた援助体制」と思われるデータを抜き出し、切片化した。

②コード化：切片化されたデータ1つ1つに対して、その意味内容を的確に表すような短い名前をつけた。

③カテゴリー生成：コード化されたデータを比較し、類似のものをまとめ、そのまとまりに名前をつけてカテゴリーを生成した。その際には、コードの背景にある文脈を考慮し、データへ立ち返りながらカテゴリー名について、コード化、切片化の作業に戻るという手順を繰り返した。さらに、内容的に共通する上位概念で括れる複数のカテゴリーをまとめた。その際の手順はカテゴリー生成と同様であり、カテゴリーを下位のものからサブカテゴリー、カテゴリー、カテゴリグループ（以下、CG）と呼ぶ。

④カテゴリーの精緻化：データから抽出された具体的箇所とコード、サブカテゴリー、カテゴリー、CGの統合を図った。

⑤仮説生成・モデル生成：CG、カテゴリー間の関係を受けて仮説的知見の生成を行った。さらにカテゴリー、CG同士の関係を視覚的に表現するモデルを作成した。なお、山本（2012）、に倣いKJ法（川喜田、1967）を用いた。

3．研究過程

教職の経験年数、性別、役職などの語りの内容に応じて理論的サンプリングを行った。研究過程は大きく4つのステップで表された（分析の順番に関しては表2を参照）。なお、分析者である筆者は心理学を専門とする大学教員である。表2の相談対象者について、学年主任に相談というのが最も多かった。学年では対処が困難だと判断された学校評価システムや学年内での人間関係などについては、教務主任や管理職に相談していたと言える。そしてまた、SCに対しての相談は、1年目～3年目では同僚との人間関係や授業実践などにみられ、4年目～5年目では、特別支援学級での対応の仕方など専門的な助言を求めたというような傾向があると言えよう。

(1) ステップ1

①目的：困難を支える援助体制を検討する上

表4　ステップ1で生成されたカテゴリー

カテゴリーグループ	カテゴリー	サブカテゴリー
	困難だと感じる事柄	子どもの問題行動
		保護者対応についての迷い
		授業実践に対する力量不足
		家族の問題（親の介護・自身の病気）
		教師同士の人間関係
特別支援のニーズを有する子どもへのアセスメント	学年団におけるアセスメント	学年全員の問題意識の共有
		担任であるが故の困り感
	学年主任（先輩教師）の子どもに関する見立て	子どもの発達障害に関する見立て
		子どもの良い所の発掘
		知能検査（発達検査）の必要性の有無
授業実践に関わる困難	授業実践に関する困難の把握	具体的な指導方法の例示
		放課後に一緒に指導案を検討する
		授業実践に関する反省会
	特別支援の子どもの指導における理解	特別支援の子どもに対する考え方
		特別支援の子どもに対する指導方法（授業）
	予想外の事態に対する困難	授業場面の予想外の事故対応（ケンカ）
		授業実践の中の1日の流れの把握
		授業実践の展開が想定外のものになる
子ども理解に関わる困難	子どもに対する理解と保護者の協力	子どもの特性の把握（行動の意味の理解）
		保護者への連絡・説明
		子どもの能力（出来ること）を伸ばす手立ての模索
		子どもの成長
保護者に関わる困難	保護者の子どもへの積極的な関心	子どもの指導の仕方（言葉かけ）
		授業（単元）の教え方
		連絡帳の記載の仕方（連絡不足）
		ケンカの仲裁や対応について
		発達障害についての理解
職場教師に関わる困難	学校システムの理解	管理職の受け入れ態勢
		学年主任の受け入れ態勢
		学校内の雰囲気
問題に対するアプローチの考えに対する困難	教師集団におけるアセスメントの裏付け	一方的な支援の方法の提示
		援助方法（介入）に対する疑問
		SC（スクールカウンセラー）など他職種との連携
		専門機関に関する情報提供

で叩き台となるカテゴリーの生成。

　②対象とした事例：教師N、F、Bから語られた事例1〜6であった。

　③教師の選定理由：幅広い教職経験（1〜6年）から抽出することで、援助体制に関わる共通するカテゴリーを抽出できると考えた。

　④結果：カテゴリーは表4に示した。

⑵　ステップ2

　①目的：ステップ1で生成されたカテゴリーと見出されたカテゴリー間の関連性について、新たなデータを追加しカテゴリーを精緻化することである。

　②対象とした事例：教師K、M、H、Dから語られた事例7〜14であった。

研究論文

表5　最終的に生成されたカテゴリーとそれに対応する発話例

カテゴリーグループ	カテゴリー	サブカテゴリー	発話例
	困難だと感じる事柄	子どもの問題行動	いじめ問題とか、子どもが何を考えているのか分からなくなることがあるんです。どうしたらよいのか誰か「教えて！」ほしいです（教師B）
		保護者対応についての迷い	保護者と話すということ自体あまり得意じゃなくて。話の切り出し方とか戸惑ってしまって（教師D）
		授業実践に対する力量不足	授業の進め方に苦労していました。自分で1人で進めなくてはいけないということや、他の先生と遅れをとってはいけないというプレッシャー（教師M）
		家族の問題（親の介護・自身の病気）	親が介護になってしまって、そのことと仕事（授業や子どもの対応）との両立というか、切り替えが上手くできない（教師O）。
			自分にも疾患（早期の発見の癌）が見つかって、検査とかで学校をどうしようと思って（教師N）
		教師同士の人間関係	子どもの生活指導の仕方で、ある先生とバチバチになってしまったときがあって、小さい学校で学年も私とその人と2組で…。打ち合わせが必要な事柄が全く思うようにできない（教師I）
多面的な見立てと困難	困難の明確化	学年全員の問題意識の共有	学年で全体で問題を共有できることが、自身のメンタルヘルスにおいても大切なんだけど、言ってお終いになることもあって、その後の支援をどうするかということも含めて、決めて共有しておく（教師O）
		担任であるが故の困り感	担任というのは、すごく大きくて自分のクラスだからある程度は自身で対処しなくちゃいけないというのが学校というか教師にはあると思うんで、でも結果的にそれが重荷になって…。そうした重荷を早めに下ろさせてくれれば（教師L）
	固定的・固執的に陥られないような見立て	子どもの発達的な側面に関する見立て	発達的に課題がある子の見立てをするときに、学年主任の意見が絶対的な感じになってしまって…。異なる見立てを発言しにくくなりました（教師E）
		子どもの良い所の発掘	ある子どもの対応に困った時に、学年主任がその子どもの良い所を5つ見つけて、そこから考えていこうと言われて、なんだか、自分の考え方に変化がありました（教師C）
	特別支援のニーズを有する子どもへの見立て	見立てと介入	黒板が写せない子どもがいて、どうやって対応や見立てをしていいのか、わからなくてSCや支援員に聞きながら（教師A）
同僚教師の支え	授業実践での困難	具体的な指導方法の例示	授業の展開の仕方について分からなくて、ただ「頑張ってね」と言ってくれる教師もいるんですが、具体的にモノ（指導案）に沿って展開の仕方を示してくれる（教師D）
		放課後に一緒に指導案を検討する	その時の学年は、指導案を出さないといけなくて、教師になり立てで日々の業務に追われて中々、学年主任が納得するものが提出できなくて、いつしか日々のストレスになって…。2歳くらい上の先輩の先生（同僚）に一緒に考えてもらいながら、やってました（教師K）
		授業実践に関する反省会	授業実践で悩んでいるときに、1日の授業に関して、細かく指導してくれるような時間（振り返り・反省会）を設けてくれて…。あのときに、それがあったおかげで、今でも教師できていると思っています。（教師J）
	保護者の子どもへの積極的な関心	子どもの指導の仕方（言葉かけ）	毎日のように、放課後に連絡してくる保護者がいて、自分の子どもの様子が心配なのは分かるんですけど。こっちの日々の「言葉かけ」に関しても、要望をしてきて…。同僚が電話を代わってくれたりして何とか乗り切ってましたが、また電話がくると思うと放課後が少し憂鬱でしたね（教師G）
		授業（単元）の教え方	教師2年目の時に、ある保護者から学校では「○○」のような教え方をしているようだが、「△△」の方が教え方として適切ではないか（教師F）
		連絡帳の記載の仕方（連絡不足）	子ども同士のちょっとしたケンカがあって、連絡帳にその時の様子と対応してことなどを書いたですが、電話が掛かってきて、もっと「○○」して下さいと長時間にわたり要望を聞いた（教師F）

同僚教師の支え	特別支援に関係する教師及び他の保護者の理解	子どもの特性の把握（行動の意味の理解）	問題行動を起こす子どもって大体固定化してくるんだけど、そうした子どもを如何にして把握することと、被害にあった子どもの保護者に如何に説明して理解してもらうかが困難で…（教師H）
		知能検査（発達検査）の必要性の有無	日々の子どもをみていて、対応がとれない子なんかは、知能検査なんかも必要と感じることがあるんです。日々の困難がその子自身の特性なんだと理解することも必要だと感じています（教師L）
		発達障害についての理解	教師の中でも発達障害に関して理解している方と、そうでない方がいて。同僚同士で勉強会なんか開くと、自分の対応にも自信がもてるんです。また、他の保護者は以外に理解していなくて説明する際にも大切になる（教師N）
		専門機関に関する情報提供	明らかに学校で困難（授業についていけない）な子どもがいて、早期の支援のためにも、そうした情報を専門機関に伝えたいと思って、保護者や教師に提案するんだけど、そもそも学校として提示することに消極的、上手くいかないことが多い（教師M）
教師・保護者間の発達障害に対する理解と支援	専門機関からの助言の必要性	教師集団におけるアセスメントの裏付け	支援についてこれでいいのか？合っているのか？という疑問が出てくるんです。一応、先生方でアセスメントして方針を決めているんだけど。そこに専門家や専門機関からアドバイスがあればいいなって感じることは多々（教師I）
		SC（スクールカウンセラー）など他職種との連携	「発達障害」（学習障害）と診断された子どもがいて、どうやって対応や見立てをしていいのか、わからなくてSCや支援員に聞きながら（教師E）
	子どもの支援に対する有効な手段の模索	授業実践場面	授業が上手く展開できなくて、子どもが乗ってこないし、崩壊してしまいそうだったんです。そうしたときにどうしていいのか分からなくて（教師C）
		生活場面 授業場面以外の予想外の事故対応（ケンカ）	急にケンカが始まるんです。さっきまで、自分の傍らで話していたのにどうしてってなるんです。そうした時に、発達面を含めてどう理解するかが大切で、上手く理解できないとこっちもストレスになる（教師H）
		課外活動場面	小学校5年生になると修学旅行があるのですが、トラブルについて担任の責任にされたことがあってしんどかったです。予想されるトラブルに関しては教師間で理解して支援を考えておかないと潰れてしまうし、できれば、保護者も一緒に考えてもらう機会ももたないと（教師K）
管理職の姿勢	学校システムの理解	管理職の受け入れ態勢	特に校長先生が、時おり声をかけてくれたことは今でも覚えています。結構、子ども理解で悩んだときがあって、小さな愚痴なんかもちゃんと聞いてくれました。あのときに、1人で考えろとか、そんなことも分からないのかみたいな感じだったら、どうなっていたかわからないです（教師O）
		学校内の雰囲気	助けを求めると、駄目な教師だという評価をされるのではないかと思うんです。担任の責任でこなしていくみたいな。でも、学校によってまちまちで、素直に「困っています」と言える学校と、そうでない学校があって、そういうのを経験して…（教師P）

③教師の選定理由：授業実践における困難が、援助体制に関わると考えたため、特に発達障害児と疑われる子どもに関する語りを含んだ事例を分析対象とした。

④結果：新たなカテゴリーを生成し、カテゴリーの統廃合を行った。例えば『学年団におけるアセスメント』と『学年主任の子どもに関する見立て』を統合し、『困難の明確化』にまとめた。また、『予想外の事態に対する困難』が

その他のデータを追加していった結果、削除された。＜授業実践に関する反省会＞というサブカテゴリーを生成し『子どもに対する理解と保護者との協力』と統合され、『授業実践での困難』というカテゴリー名へと変更した。

（3） ステップ3

①目的：ステップ2までに生成されたカテゴリーと見出されたカテゴリー間の関連性について、精緻化することである。

②対象とした事例：教師L、I、A、Eから語られた事例15～21であった。

③教師の選定理由：困難に対する具体的な対応（援助要請を含む）に関する語りを対象とし、援助体制の検討を行うことを目指した。

④結果：新たなデータを加え、整理した結果『アセスメントと介入』と『特別支援のニーズを有する子どもへのアセスメント』から【多角的な見立てと困難】というCGが新たに生成された。また、『子どもに対する理解と保護者との協力』と＜知能検査（発達検査）の必要性の有無＞＜発達障害についての理解＞＜専門機関に関する情報提供＞を統合して『特別支援に関係する教師及び他の保護者の理解』が生成された。そしてまた『教師集団におけるアセスメントの裏付け』と＜SC（スクールカウンセラー）など他職種との連携＞を統合して『専門機関からの助言の必要性』が生成された。それらと、『学年主任の子どもに関する見立て』というカテゴリーの統廃合を行い、【教師・保護者間の発達障害に対する理解と支援について】というCGにまとめられた。また、＜子どもの能力（出来ること）を伸ばす手立ての模索＞と＜子どもの成長＞を、各場面（授業、生活、課外活動）に整理し統合して、【子どもの支援に対する有効な手段の模索】というカテゴリーを生成された。

⑷　ステップ4

①目的：カテゴリー及びカテゴリー間の洗練化（最終的なカテゴリーの確定）をする。

②対象とした事例：教師G、J、C、O、Pから語られた事例22～30であった。

③教師の選定理由：スクールカウンセラーや支援員といった、相談する対象の拡大を含むデータであり、最終的なカテゴリーの確定を行うことに適していると判断した。

④結果：全ての切片は既に生成されたカテゴリーを用いて分類可能であり、カテゴリー編成の修正は必要ないものと判断した。得られた最終的なカテゴリーは表5に示した。

4．結果と考察

⑴　分析の結果

　4つのCG、10のカテゴリー、27のサブカテゴリーが生成された。以下、本文中では、CG、カテゴリー、サブカテゴリーに分けて説明する。

【困難だと感じる事柄】：このカテゴリーは、教師が困難だと感じた事柄である。カテゴリーは5つのサブカテゴリーからなり、＜子どもの問題行動＞＜保護者対応についての迷い＞＜授業実践に対する力量不足＞＜家族の問題（親の介護・自身の病気）＞＜教師同士の人間関係＞で構成されている。子ども、保護者対応や自身に何らかの問題が生じたことから、困難だと感じていたと理解できる。

【多面的な見立てと困難】：このCGは、教育活動の中で、個人－人間関係－システムのそれぞれに対する多面的な見立てと困難を表す。この中の『困難の明確化』は、子どもの問題・課題を学年全員で把握し共有すること、また担任という立場から可能な限り自身で対応すべきと考えているが、結果的にそうした考えが重荷になっていることが示唆された。

【同僚教師の支え】：このCGは『授業実践での困難』『保護者の子どもへの積極的な関心』『特別支援に関係する教師及び他の保護者の理解』の3つのカテゴリーから成り立っていった。この中の『授業実践での困難』は、サブカテゴリーの内容から授業実践上の困難に対する同僚教師での支えを示しており、具体的な指導方法の提示や指導案の作成、授業実践に関する反省会といったことを表していた。また、発達障害を有する子どものトラブルに関して、他の保護者の理解をどのように得るのかということや、知能検査が必要と感じた際の教師間の理解や保護者への説明の仕方、専門機関に関する情報の提供の仕方に困難を示し、そうした困難に同僚教師の存在が大きいことが考えられた。

【教師・保護者間の発達障害に対する理解と

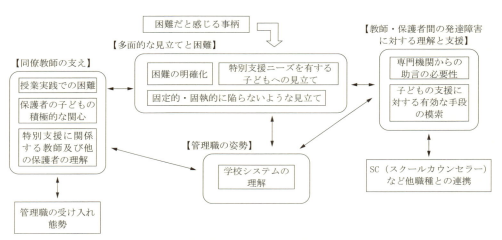

図1　援助要請を容易にされる援助体制モデル

支援】：このCGは『専門機関からの助言の必要性』『子どもの支援に対する有効な手段の模索』の２つのカテゴリーから成り立っていた。この中の『専門機関の助言の必要性』は、カテゴリーの内容から、子どもの支援が本当に適切なのかという疑問を抱きながら実践することに困難が生じていた。教師間で判断した支援方針に対して、専門家の確認や助言の必要性が見出された。また、発達障害児に対する支援は、学校現場でも不明瞭な点が多く、各場面（授業、生活、課外活動）によっても支援の仕方が異なる。その都度、有効な手段の模索に困難を抱えていることが考えられた。

【管理職の姿勢】：このCGは『学校システムの理解』の１つのカテゴリーから構成されていた。＜管理職の受け入れ態勢＞は、困難を抱えた際に管理職（校長・教頭）が支援してくれるかどうかという教師側の認知を示している。管理職が温かく見守り、教師の支えになるような姿勢を示していくことが、援助要請に影響を与えていることが示唆された。＜学校内の雰囲気＞は、困難を抱えた際に気軽に管理職や同僚教師に援助要請ができる雰囲気かどうかということを示している。援助要請を行うことは、自身の自尊心との関係を窺いしることができ、困難を表出できないことを表していた。援助要請を

容易にできるような雰囲気の醸成が、管理職には求められている様子が見られた。

(2) カテゴリー間の関係

困難を抱えた際に援助の要請を容易にできるような援助体制の構築について、まず『困難と感じる事柄』から【多面的な見立てと困難】へと繋がっていくと考えられた（図1）。そして『困難の明確化』の学年全員の問題意識の共有や担任であるが故の困り感があるときに、【同僚教師の支え】が関わっていると言える。一方、『固定的・固執的に陥らないような見立て』では、教師間の力関係で一部の見立てに従わざるを得ない状況に陥らないように工夫する必要性が示唆された。そして『保護者の子どもへの積極的な関心』は、保護者対応に関する困難を示唆し、子どもの発達障害についての理解といった『特別支援に関係する教師及び他の保護者の理解』との繋がりが考えられた。そして、特別支援教育や発達障害に関しての知識といったことに関して【教師・保護者間の発達障害に対する理解と支援】への繋がりが考えられた。そしてまた、『専門機関からの助言の必要性』におけるスクールカウンセラーなどの専門家との連携に関連することが示唆された。最後に、保護者や教師に対する関わりを有しながら【管理職の姿勢】といったCGが中心にあり、相互循環

的になるように配置された。

5．総合考察

　本研究の目的は、援助要請が容易になされる援助体制の検討について、小学校教師の抱える困難に対する語りから明らかにすることであった。以下、得られた仮説的知見とモデルに考察を加えていく。

⑴ 「風通し」のよい同僚教師関係

　教師の困難に対する援助体制は、多面的な見立てに基づく、同僚教師の支えに関連しており、それらは管理職の姿勢ということが影響していることが示唆された。教師は、子どもや保護者そして同僚教師との関わりがあり、困難を抱えている。困難に対して対処方法を検討し上手くいかないときは、援助要請が必要であり上手く働くこともあれば、阻害されてしまう場合もあるという実態が明らかになった。援助要請に対する教師自身の自尊心の問題、管理職の受け入れ態勢ということが関係していることが示唆された。

　また、子どもに関する困難は、保護者との関係、場合によっては他の保護者との関わりにも繋がっており、教師の援助体制を検討する上で、保護者・他の保護者の関係を考慮すべきであることが分かった。保護者と教師との関わりに着目すると、発達障害は疑いから確定診断・告知を受けるまでの時間がかかるという特徴がある（吉利他、2009）。その中において、発達障害に対する働きかけを検討することになる。そこで、一部の教師の見立てに従わざる得ない人間関係は、教師の困難を増加させることが示唆された。そしてまた、教師間で検討した子どもの支援が本当に適切なのかという疑問を抱くこともあり、上手くいかない状況下で確証がもてない支援を続けていることに困難を感じていた。そうした困難を軽減させるような、専門機関・専門家からの助言を得られ易い体制づくりが重要であると言えた。そしてまた、発達障害に対する支援においては、診断をめぐり知能検

査の有無が課題になる。そこでは、教師と保護者の相互理解と協力が重要であり、相互理解がなされない状況下では、教師の抱える困難は益々増加することになってしまう。援助体制があるという語りからは、同僚教師やSCと連携し、子どもの見立てや保護者への説明に関わり、担任教師を支えている現状が考えられた。困難を抱えた教師の支えは、何でも相談できる「風通し」のよい同僚教師関係が重要になろう。

　三田村（2011）は、発達障害児を育てる保護者は健常児の保護者と比べより多くのストレスがあり、なおかつ子どもの障害の特徴が理解されにくい状況下で教師に相談や依頼を行うことになると述べている。すなわち、保護者にとっても、学校の理解不足を抱いたり、支援が思うように進んでいないという状況から、積極的な要望や相談の表出ということに繋がり、それが教師にとっては困難だと感じることも多いのである。これは、上村・石隈（2007）が、教師にとって、保護者との連携は重要としながらも、同時に自分自身の価値観や教育観に脅威をもたらされるストレスフルな状況になると述べていることにも通じると言える。本研究では、教師と保護者との相互理解に関して『子どもの支援に対する有効な手段の模索』や他機関・他職種からの助言といった関係が確認できた。このような教師の関わりは、同僚教師間での「風通し」のよさが影響していると言え、学年団が１つの共通の目標に向かって動くことが重要である。

⑵ 援助要請を容易にする管理職の姿勢

　【管理職の姿勢】のCGからは、困難を抱えた教師に対して、管理職による援助体制の醸成の重要性が示唆された。管理職の姿勢の重要性は【同僚教師での支え】のCGにも関係していと言え、管理職が教師の抱えている困難を理解し、その困難に対する具体的な対応策を提示や一緒に考えていくという姿勢を示していくことが「風通し」のよい職場雰囲気の醸成に繋がることが示唆された。

　このように、管理職の姿勢に繋がるような形

で、援助要請が容易になされる援助体制を明らかにできたことは、本研究で得られた重要な知見と考えられよう。これは、特別支援教育担当教員に着目した三好・藤原（2012）研究からも、職場風土を含めた管理職の姿勢ということが重要になると言えよう。この得られた知見は、教師の抱える困難に対してどのような援助体制が求められており、それに対する援助の仕方（子ども理解、授業実践、教師間の人間関係、保護者関係）に対する重要性を示唆している。幅広い教職経験を有する小学校教師を対象とすることによって、明らかにされた援助体制のモデルは、困難に対する援助要請を容易にするような方略に役立てることができるだろう。

(3) 本研究の課題と限界

　本研究の課題と限界は2点挙げられる。1点目として、調査対象者および調査データについてである。本研究で得られた知見を一般化するためには、さらに調査対象者を拡大する必要がある。なぜなら、学校の地域性や年齢（年代）の違いなど、モデルへの影響を考慮する必要があるからである。例えば、本研究で対象とした事例の多くは、教育実践の中で抱えた困難と、必要とされる援助体制について認識している教師の事例であった。そのため、援助体制について認識の弱い、ないし援助要請を適切に行えないといった教師のデータからの考察はされていなく、モデルの『学校システム』といったカテゴリーは、別のカテゴリーとして表れる可能性が考えられる。今後は、そうした教師に対しても調査を実施し、重層的なものにしていくことが課題と言える。そのため、今回の知見を教師の援助要請を容易にするような援助体制に用いる際には、上記のような限定的な対象から得られた知見であることを踏まえ、1つの有効なモデルとするのが適切であると考えられる。また、中学校教師におけるモデルにおいても検討していくことが重要と考える。

　2点目は方法論的課題として、今回の分析の中では個々の事例における臨床的な知見や課題

を充分に取り扱えていない。今後は事例研究の手法を用いて、本研究のモデルを精緻化していくことが必要であろう。

<付記>

　本研究は、名古屋大学大学院教育発育科学研究科研究倫理審査委員会の審査と承認を得た上で行われた。

<文献>

秋田喜代美（1997）「教師の発達課題と新任教師のとまどい」『児童心理』51号 pp.550－557

淵上克義・西村一生（2004）「教師の協働的効力感に関する実証的研究」『教師学研究』6号 pp1-12

川喜田二郎（1967）『発想法－創造性の開発のために－』中央公論新社

Kyriacou,C. & Kunc,R.（2007）Beginning teachers' expectations of teaching. Teaching and Teacher Education, 23, pp.1246-1257.

諸富祥彦（2009）『教師の悩みとメンタルヘルス』図書文化

文部科学省（2016）「平成28年度公立学校教職員の人事行政状況調査について」（2018年2月5日最終アクセス）

三田村仰（2011）「発達障害児の保護者・教師間コミュニケーションの実態調査－効果的な支援のための保護者による依頼と相談－」『心理臨床科学（同志社大学心理臨床センター）』1号 pp.35-43

水野治久・石隈利紀（1999）「被援助志向性・被援助行動に関する研究の動向」『教育心理学研究』47号 pp.530-539

三好祐二・藤原忠雄（2012）「小学校における特別支援教育担当教員の校内支援体制の活用に及ぼす要因の検討－職場風土、被援助志向性および被支援体験の関連から－『学校心理学研究』第12号 pp.3-14

能智正博（2000）「質的（定性的）研究法」下山晴彦（編）『臨床心理学の技法』福村出版 pp.56-65.

Strauss,A.L., & Corbin,J.（1998）Basics of qualitative research : Techniques and procedures for developing theory.（操華子・森岡崇 訳『質的研究法の基礎－グランデッド・セオリー開発の技法と手順－ 第2版』医学書院 2004）

田村修一・石隈利紀（2002）「中学校教師の被援助志向性と自尊感情の関連」『教育心理学研究』第50号 pp.291-300

上村恵津子・石隈利紀（2007）「保護者面談における教師の連携構築プロセスに関する研究－グランデッド・セオリー・アプローチによる教師の発話分析を通して－」『教育心理学研究』第55号 pp.560-572

山本渉（2012）「担任教師にスクールカウンセラーとの協働の開始を促す状況－グランデッド・セオリー・アプローチによる仮説モデルの生成－」『教育心理学研究』第60号 pp.28-47

吉利宗久・林幹士・大谷育美・来見佳典（2009）「発達障害のある子どもの保護者に対する支援の動向と実践的課題」『岡山大学大学院教育学研究科集録』第141号 pp.1-9

書　評

＜書評＞

藤平敦
『若手教員の力を引き出す
研修でつかえる生徒指導事例50』　　　　学事出版

梅澤秀監（東京都立雪谷高等学校）

著者の藤平氏は、20年にわたり高等学校の教師として現場で教育に当たってきた。その後、文部科学省国立教育政策研究所生徒指導・進路指導研究センター総括研究官として現在に至る。高校の教師の経験と国研の総括研究官として、教育現場を視察して、教育実践をつぶさに見て、指導助言をしてきた経験から生まれた書である。

本は、小・中・高等学校の若手教師の実践事例を集めたものである。見開き2ページで、事例に1ページを、解説とポイントに1ページを充てている。

50の事例は、学校生活の中でよく見かけるもので、読み進むと、改めて考えさせられるような事例が多く集められていて、若手教員だけでなく、ベテランの教員も自分自身の教育活動を振り返るきっかけとなる書といえる。

1. 本書の構成

第1章　児童生徒理解～子どもを主体に考える～

事例1から16までの、児童生徒理解に関する16の事例からなる。

第2章　学級経営～子ども同士をつなげる～

事例17から31までの、学級経営に関する15の事例からなる。

第3章　生徒指導～教師の意識と行動を振り返る～

事例32から50までの、生徒指導全般に関する19の事例からなる。

2. 具体的な事例について

第1章、事例2の「子どもにわかる喜びを実感させる工夫をする」では、国立教育政策研究所の調査結果から、「『授業がよくわかる』という児童生徒が増加するにつれて、『学校が楽しい』と実感する生徒も増加し、さらに、不登校の新規出現率も減少するという結果が確認できる。」と指摘している。

事例4の「子どもが『どのように学ぶのか』を考える」では、「教育とは、教師が『一方的に子どもを育てる』のではなく、『子どもが自分で育つように働きかける』ことであり、その働きかけ自体が生徒指導やキャリア教育であると言える。H教諭の実践には、生徒指導やキャリア教育のエッセンスが詰まっている。」と解説する。

事例12の「生徒に自信をつけさせる」では、「A教諭の『君たちは昼間部（全日制課程）の生徒よりも半歩先に社会に出て、人や社会の役に立っているね』という言葉は、生徒たちにとっては、どんなほめ言葉よりも心に響いたことであろう。」と、定時制の生徒が自己有用感を持つきっかけについて解説している。

第2章、事例17の「いじめがないときにこそ注意をする」では、「学級内の子ども全員に事件の概要を伝えるとともに、学級全体の問題として話し合うべきである。」と、指導のポイントを示した。重要な指摘である。

事例28の「生徒同士が仲良くなるきっかけを

つくる」では、「様々な形態のある高校こそ、特別活動（ホームルーム活動）を重視すべきである。好ましい集団の環境をつくることが一番の生徒指導であると言っても過言ではない。」

事例29の「子どもといっしょになって遊ぶ」では、「子どもはいっしょに遊んでくれる先生が大好きで、決して先生に高度な技術を期待しているわけではないだろう。大切なことは運動が苦手であっても、子どもといっしょに遊ぼうという行動力である。」「子どもから声をかけられてもいっしょに遊ばない小学校教師は、教師の仕事を放棄していることと同じではないだろうか。」と厳しく指摘している。

第3章、事例32の「指導か体罰か？」では、「感情的になって、生徒と同じレベルのやりとりをすることはプロの教師として恥ずべきことである。」と厳しく戒めている。

事例40の「安全な部活動を常に意識する」では、「プレーをするのは、あくまでも生徒であり、生徒が安全・安心して練習ができる環境づくりが顧問の仕事であることを再確認したい。」といって、部活動の顧問がその場にいることが仕事であると強調している。

事例41の「学校はチームで仕事をする場所」では、教育基本法第6条を引用して「組織で取り組まないと成果が上がらない」と指摘する。

3．本書が伝えるもの

①初任者が陥りやすい盲点

教員になって日が浅い者は、一生懸命学んで一生懸命生徒に伝えようと努力する。しかし、中には空回りしていることもあって、効率よく指導効果を上げられないこともある。その際には、同僚・先輩の教員と意見交換を行い、より適した指導ができるよう努力する必要がある。本書はこの点を明確に指摘している。

②社会の情勢を知ること

本書では、教育基本法をはじめ、教育に関連する法令を引用して説明をする場面がある。また、中央教育審議会答申などを引用して、国レベルでの動向を示しながら具体的な解説やポイントの説明をしている。このことによって、我が国の教育情勢や動向を知ることができる。

③チームで対応すること

その昔「教員は一国一城の主」と言われたことがあった。様々な事柄を一人で解決することが求められた時代が長かった。しかし、現在は社会の状況が複雑になり、一人の教員では解決が難しい問題が多くなった。そこで「チーム学校」が提唱されるようになり、学校現場でも教員の協力体制を重視するようになった。

4．学校の主役は子どもたち

本書から、藤平氏が現場を大切にしていることが伝わってくる。児童生徒を大切に思い、若い先生方を大切に考えていることがよくわかる。それは、事例に対する理解の仕方を説明する「解説」と「ポイント」を読めば、自然と伝わってくる。学校生活では、主役は一人ひとりの子どもたちとの思いが強く読み取れる。

本書は、生徒指導事例集であるが、解説の中には、最新の研究成果や学術的な知見が豊富に示されている。例えば、児童生徒理解に関して、教育相談の技法やカウンセリングの理論に基づいた説明をしている。また、学級経営に関して、ユニバーサルデザインの概念やソーシャルスキルトレーニングについて説明している。さらに、事例43では失敗例を取り上げている。事例集と言いながら、生徒指導に関するトータルな学習ができる貴重な1冊である。小・中・高校の全ての教員に役立つ内容である。

「本書の構成と使い方」を参考にして、各学校で校内研修の教材として利用することに適している。各学校で話題となる事例を選んで、若手とベテランの先生方が、事例に対する見方や対応の仕方について意見交換する。若手とベテランの先生方が、思いをぶつけあうことで、生徒指導の本質に迫ることが可能になる。複雑化する学校現場で、より良い生徒指導を行うための貴重な手引書といえる。

資 料 紹 介

＜資料紹介＞

相馬誠一・伊藤美奈子 総監修
『いのちと死の授業』DVD全6巻
（2017年発行）
丸善出版株式会社

新井立夫（文教大学）

はじめに

　「自殺対策白書」（厚生労働省発行）には、15歳から19歳の年代における死因の第1位は自殺が続き、若い世代の自殺は深刻な状況にあることが示されている。こうした実態等を踏まえ、平成28年4月に一部改正された自殺対策基本法（平成28年3月30日公布、4月1日施行）では、学校の努力義務として、各人がかけがえのない個人として共に尊重し合いながら生きていこうとする意識を涵養する教育や、困難な事態、強い心理的負担を受けた場合における対処の仕方を身に付けさせる教育を行うことなどが規定されたところである。

　また、この法の規定に基づき平成29年7月25日に閣議決定された「自殺総合対策大綱」には、「学校において、体験活動、地域の高齢者等との世代間交流等を活用するなどして、児童生徒が命の大切さを実感できる教育に偏ることなく、社会において直面する可能性のある様々な困難・ストレスへの対処方法を身に付けるための教育、心の健康の保持に係る教育の実施に向けた環境づくりを進める」と明記されている。

　学校教育における命の大切さを実感できる教育の取組として、小・中学校の学習指導要領には、特別の教科　道徳（以下、「道徳科」という）の中で、小学校の低学年段階から中学校段階までの全ての段階で指導すべき内容項目として、「生命の尊さ」が示されている。また、高等学校の学習指導要領には、特別活動のホームルーム活動の内容の一つに、「生命尊重」等が示されている。各学校では、全ての教員が、生命を尊重する心の育成が自殺予防につながることを十分に理解し、学校の教育活動全体を通じて行う道徳教育との関連の中で、道徳科等の授業等を通して、子供が命の大切さを実感できるよう、計画的に指導することと明記されている。

　このように、現在の日本における社会全体として「命の大切さ」を取りあげているにもかかわらず、児童生徒や教育関係者が、この課題について自ら考え、クラスの仲間と意見交換をし合うことで、自他を大切にして生きていこうとする態度や能力を養う教材があまり見受けられなかったように思われる。

1．本映像教材『いのちと死の授業』の特色

　まずは、小学校から大学の教職課程履修者までの学校種を問わず、活用できることが大きな特色といえよう。

　この映像教材『いのちと死の授業』は、児童生徒や教育関係者が、同時に視聴することを前提にして、共に「生命の尊さ」や「生きることの価値」を、様々な視点から気づき、学ぶことのできる映像教材として製作がされている。

　例えば、いじめなどを原因として自ら命を絶つ子どもが後を絶たず、暴力や暴言、ネットなどを通した誹謗中傷により、他者の心や身体を傷つけたり、生命を奪ったりする事件などもリアルに採り上げ、その背景として、子どもの死生観の変化や、死に触れる機会が減少している

ことなどにも積極的に触れて、理解を促している。本映像教材は、各巻の語り手にまつわる出来事や体験、周囲の人たちとの関わりなどを通して、生命のかけがえのなさや強く生きていこうとする態度、他者を思いやる気持ちなどを児童生徒が、感じ取れる内容に仕上げてあることが大きな特色である。

具体的には以下のことをあげることができる。

（1）豊富な解説とインタビュー

生命の尊さや生きることの価値を気づかせ、広めるために各地で活動をしている講師の先生や団体などの解説・インタビューを収録している。当事者の方のお話や映像を通して理解することで、教科書以上に深く心に刻まれることが期待できる。

（2）「児童・生徒向け映像」と「教員向け映像」

授業で児童・生徒たちが見る映像「児童・生徒向け映像」と、それに加えて、教員、カウンセラー、保護者、教員を目指す学生、医療・看護従事者を目指す学生向けに授業や教育のポイントを追加した「教員向け映像」を収録している。そして、先生方には、まず「教員向け映像」を視聴し生徒・児童に伝えるべきポイントを理解したうえで、授業で使用することを推奨している。

（3）再現ドラマ・イラスト

再現ドラマやイラストを豊富に使用している。受け止めるのがつらいエピソードも、やわらかい雰囲気のイラストで表現されている。

2．本映像教材の対象・授業内容との関係性

全6巻を通じて以下の活用を推奨している。
(1)小学校・中学校での「道徳科」、高等学校での道徳科等の授業等としての活用
(2)小学校、中学校、高等学校での「保健領域」の資料としての活用
(3)生徒指導・教育相談活動等の「学級経営」の資料としての活用
(4)教師を志す学生の教育としての活用

(5)心理・社会福祉・看護などを志す学生への教育としての活用
(6)教師の継続教育としての活用
(7)PTA活動の教材としての活用
をあげている。

3．本映像教材を活用して

本映像教材を活用して、文教大学湘南校舎教職課程の講義（生徒指導・進路指導論、教職概論）の実践を行った。

学生からの感想をまとめてみると、自分自身の命への価値観も変わり、教育者を目指すにあたり考えさせられるものであった。生徒指導・教育相談の学級経営の資料としても活用できる映像教材である。とりわけ、思春期の小学校5・6年生、中学生、青年前期の高校生にも理解してもらえる内容であり、じっくり考える機会を提供する題材になっている。また、人権教育の視聴覚教材としても幅広く活用できるように構成されている。

特に、第3巻は、いじめや子どもたちの自殺の例を再現ドラマで紹介し、いじめや自殺のサインの見つけ方や、見つけたときに教師やカウンセラーはどのように対処したらよいのかを解説している。第4巻は、教員の一方的な知識伝達のスタイルではなく、教員と児童生徒、児童生徒同士が自殺予防について実感を伴いながら学び合う相互交流を重視した参加型の授業となっている。ブレインストーミングやロールプレイなどの集団活動を伴う体験的学習を通じて、「いのち」について各自の自由な発想を出し合い、自分とは異なる思いや考え方に触れることが、多様性を認め合い仲間との絆を強めることを可能にしている教材である。

おわりに

命への指導に唯一絶対の正解はない。子どもたちの心と命を守る教育は、未来を生き抜く力を育む教育である。総監修者並びに制作協力者諸氏のさらなる教材製作にエールを送りたい。

学 会 会 務 報 告 他

1．日本生徒指導学会活動報告（2017年11月〜）

1．第33回常任理事会

(1) 日時　2017年11月25日（土）　12：00〜12：30
(2) 会場　岡山大学
(3) 議事　〇第19回大会開催要領について
　　　　　〇その他
(4) 確認　〇第19回大会は同志社大学の大橋忠司先生を実行委員長とし、関西地区研究会が共催となって、2018年11月17日・18日に開催することとなった。

2．機関誌編集委員会

(1) 日時　2017年11月25日（土）　12：00〜13：00
(2) 会場　岡山大学
(3) 内容　機関誌第17号の編集について
　　　　　＊特集テーマおよび執筆者の選定　＊その他

3．年次大会（第18回大会）

(1) 期日　2017年11月25日（土）・26日（日）
(2) 会場　岡山大学
(3) 日程及び概況
[11月25日]
10：00　生徒指導実践研究交流フォーラム
　　　　〇第1分科会　司会：相馬　誠一（東京家政大学）
　　　　　1．「命と死の授業」DVDの上映と実践研究交流
　　　　　　相馬　誠一（東京家政大学）・伊藤美奈子（奈良女子大学）
　　　　　　新井　肇（関西外国語大学）

　　　　〇第2分科会　司会：松本　剛（兵庫教育大学）
　　　　　1．登校支援員の活用による小学校の不登校対策事業について
　　　　　　－チームとしての学校の確立に向けて－
　　　　　　髙橋　典久（岡山県教育庁）
　　　　　2．「気になる児童」へ早期に対応するためのチーム支援と養護教諭の役割
　　　　　　井上　典子（赤磐市立山陽小学校）

　　　　〇第3分科会　司会：七條　正典（香川大学）
　　　　　1．「生徒指導校内研修パッケージ」の開発と今後の改善
　　　　　　小林　寛（岡山県総合教育センター）
　　　　　2．中学校における「特別の教科道徳」の授業改善を要とした予防的・開発的な生徒指導

片山　健治（井原市立木之子中学校）

12：30　理事会
　　　　○2016年度会計報告について
　　　　○2016年度年次大会収支決算報告について
　　　　○入会状況について
　　　　○各支部の活動状況について
　　　　○いじめ問題調査委員の推薦について
　　　　○2018年度会計予算（案）について
　　　　○選挙規定の改定について
　　　　○第19回大会開催要領・開催場所・実行委員長について
　　　　○その他
　　　　　※第19回大会は同志社大学において関西地区研究会（近畿支部）の共催の下に11月に実施し、大会実行
　　　　　　委員長は大橋忠司とすることとなった。詳細については今後検討することとした。
　　　　　その他の各報告・議題とも了解された。

13：00　第18回総会・開会式
　　　　○2016年度会計報告について
　　　　○2016年度年次大会収支決算報告について
　　　　○入会状況について
　　　　○各支部の活動状況について
　　　　○いじめ問題調査委員の推薦について
　　　　○2018年度会計予算（案）について
　　　　○選挙規定の改定について
　　　　○第19回大会開催要領・開催場所・実行委員長について
　　　　○その他
　　　　　※第19回大会は同志社大学において関西地区研究会（近畿支部）の共催の下に11月に実施し、大会実行
　　　　　　委員長は大橋忠司とすることとなった。詳細については今後検討することとした。
　　　　　その他の各報告・議題とも了解された。

14：00　基調講演・公開シンポジウム　司会：住野　好久（中国学園大学）
　　　　○テーマ：生徒指導実践を発展させるために
　　　　　基調講演
　　　　　　○テ ー マ：実効性を主張・確認するうえで必要なこと
　　　　　　　　　　　　　－実践研究に求められる倫理と論理－
　　　　　　○講　　師：滝　　　充（国立教育政策研究所）
　　　　　実践報告
　　　　　　○テーマ１：地域・家庭との連携協働による落ち着いた学習環境の確保の取組
　　　　　　○講　　師：安田　隆人（浅口市立鴨方東小学校）
　　　　　　○テーマ２：「みんなから愛される学校づくり」を目指して

－魅力ある学校づくりを中心にして－
　　　○講　　　師：難波　邦彦（岡山市立操山中学校）
　　　パネルディスカッション
　　　○テ　ー　マ：生徒指導実践を発展させるために学ぶべきことは何か、
　　　　　　　　　　生徒指導実践をさらに発展させるにはどうすべきか
　　　○パネラー：城戸　　茂（愛媛大学）
　　　　　　　　　中野　　澄（国立教育政策研究所）

17：30　情報交換会

［11月26日］
9：30　自由研究発表
　　◎第1分科会　司会：阿形　恒秀（鳴門教育大学）
　　1．高校生のいじめ被害体験と抑うつ傾向
　　　　　戸ヶ﨑絵美（東京家政大学）
　　2．中学生の学校回避感情と学校適応について
　　　　　工藤　有莉（東京家政大学）
　　3．高校生におけるデートDVについての意識と課題
　　　　　－被害者にも加害者にもならないために－
　　　　　中間　茂治（藍野高等学校）
　　4．兵庫県立山の学校の取組
　　　　　－自立をめざした寮での共同生活と森林・林業体験－
　　　　　臼井　研二（兵庫県立山の学校）
　　5．昼間定時制高等学校における生徒の学校適応について
　　　　　－自尊感情の変化と情動知能のタイプに着目して－
　　　　　○小泉　隆平（近畿大学）・赤松　大輔（名古屋大学）

　　◎第2分科会　司会：桶谷　　守（京都教育大学）
　　1．教育振興基本計画のいじめ対策における目標に関する都道府県の比較検討
　　　　　河本　　肇（広島修道大学）
　　2．小中学校における不登校経験者のその後の適応と親子関係の変化
　　　　　－通信制高校卒業生への質問紙調査から－
　　　　　金子恵美子（埼玉純真短期大学）
　　3．子どもの児童期における意見表明の有用年齢仮説と親の自律性
　　　　　－最高裁判例の分析から－
　　　　　中尾　豊喜（大阪キリスト教短期大学）
　　4．発達障害等のある児童に対する保護者と学級担任の行動認識
　　　　　○山本木ノ実（香川大学）・植田　和也（香川大学）

　　◎第3分科会　司会：会沢　信彦（文教大学）

1．「効果のある学校づくり」と生徒指導
　　　－確かな学力を育み、いじめ・不登校等を低減する
　　　　「効果のある学校」の組織的展開－
　　　久我　直人（鳴門教育大学）
2．チーム援助コンサルテーションに関する研究
　　　八並　光俊（東京理科大学）
3．チーム力向上のための生徒指導・教育相談体制に関する一考察
　　　－教員を目指す大学生の視点から－
　　　亀田　秀子（十文字学園女子大学）
4．スクールカウンセラー、相談員、スクールソーシャルワーカーと
　　　　　教員の連携・協働に関する研究
　　　土橋まりん（東京家政大学）

◎第4分科会　司会：小坂　浩嗣（鳴門教育大学）
1．望ましい人間関係を育むいじめの未然予防に関する研究（Ⅱ）
　　　－小学校における実践活動結果の分析を通して－
　　　松岡　敬興（山口大学）
2．中学生の道徳性と主体的に行う生徒指導上の問題行動に関する研究
　　　中野　真悟（刈谷市立日高小学校）
3．小学校における対人的自己効力感を高めるプログラム開発
　　　－思いやりをベースにした話し合う活動を通して－
　　　北濱　　亮（鳴門教育大学）
4．児童の主体的な学び合いをうながし、認め合う仲間関係を育む学習開発
　　　森北　智代（鳴門教育大学）
5．インターネット利用と生活の諸側面の関係に関する検討
　　　－小学生対象の生活実態調査の結果から－
　　　○小谷　正登（関西学院大学）・岩崎　久志（流通科学大学）
　　　　三宅　靖子（梅花女子大学）・来栖　清美（NPO法人kokoima）

◎第5分科会　司会：山口　　満（筑波大学名誉教授）
1．小学校教諭が想起する生徒指導に対するイメージの研究
　　　－初任者に対するPAC分析の結果から－
　　　○中川　靖彦（京都府立中丹支援学校）・新井　　肇（関西外国語大学）
2．主体的・対話的で深い学びを踏まえた生徒指導
　　　－「逆向き設計」とQFTの手法を手がかりに－
　　　高見　砂千（公益財団法人未来教育研究所）
3．中学校部活動における外部指導員の活用に関する研究
　　　－部活動顧問教員と外部指導員の協働を視野に入れて－
　　　川口　　厚（桃山学院大学）
4．児童生徒の主体的活動の推進によるスマホ・ネット問題への取組

　　　　－地元新聞社・大学等と連携した「スマホサミット」の取組について－
　　　　髙橋　典久（岡山県教育庁）
　　5．小学校から中学校につなぐ生徒指導Ⅴ
　　　　－Ａ小学校児童の規範意識醸成と学力向上の考察－
　　　　○池田　真弘（大阪市立平野南小学校）・笠谷　和弘（大阪市立大正西中学校）

13：00　ワークショップ（学校心理士資格更新手続き細則Ａ該当研修会）
　　　　○テ　ー　マ：品格教育とチームとしての学校
　　　　○講　　　師：青木　多寿子（岡山大学）

　　　　フォーラム①
　　　　○テ　ー　マ：チーム学校と生徒指導
　　　　○話題提供者：今本　洋介（赤磐市立高陽中学校）
　　　　　　　　　　　水流添　綾（大阪府教育庁）
　　　　　　　　　　　藤平　　敦（国立教育政策研究所）
　　　　○コーディネーター：新井　　肇（関西外国語大学）

　　　　フォーラム②
　　　　○テ　ー　マ：新学習指導要領の下での生徒指導実践
　　　　○報　告　者：石井　久満（小豆島町立池田小学校）
　　　　○コーディネーター：七條　正典（香川大学）

4．第34回常任理事会

(1)　日時　2018年4月29日（日）　13：00～15：00
(2)　会場　東京理科大学　神楽坂キャンパス
(3)　議事　○第19回大会開催要領について
　　　　　　○各種委員会報告
　　　　　　○支部活動報告
　　　　　　○予算関係報告
　　　　　　○その他
(4)　確認　○第19回大会は、2018年11月17日（土）・18日（日）に開催する。
　　　　　　○各委員より、委員会活動状況について口頭で報告された。
　　　　　　○支部活動報告では、各支部の昨年度の活動状況ならびに今年度の活動予定について報
　　　　　　　告された。
　　　　　　○会計監査報告では、4月8日に2017年度会計報告書に基づき、山口満ならびに土田雄
　　　　　　　一の両氏によって監査が実施され、適正な会計処理が行われていることが確認された
　　　　　　　ことが報告された。

5．機関誌常任編集委員会

(1)　日時　2018年4月29日（日）　15：00～17：30

⑵　会場　東京理科大学　神楽坂キャンパス
⑶　内容　機関誌第17号の編集について
　　　　　　＊査読スケジュールの確認　＊特集題の決定等　＊その他

６．機関誌常任編集委員会

⑴　日時　2018年7月8日（日）　11：00～15：00
⑵　会場　学事出版株式会社
⑶　内容　機関誌第17号の編集について
　　　　　　＊第一次査読結果の審議　＊その他

２．日本生徒指導学会会則

2000年11月25日制定
2002年 8 月24日改定
2004年11月20日改定
2006年11月18日改定
2009年11月 7 日改定
2012年11月10日改定

第1章　総　則

（名称）

第1条　本会は日本生徒指導学会（The Japanese Association for The Study of Guidance and Counseling）と称する。

（目的）

第2条　本会は、生徒指導に関する研究及び実践の成果の交流と共有を通じて、我が国における生徒指導の充実と発展に寄与することを目的とする。

（事業）

第3条　本会は、前条の目的を達成するために、次の事業を行う。

⑴　会員の研究及び実践の促進及び充実を目的とする年次大会（日本生徒指導学会大会）及び総会の開催

⑵　会員の研究及び実践の促進を目的とする他の会合の開催

⑶　生徒指導と関わりのある諸学会及び諸団体等との連絡及び提携

⑷　機関誌・広報紙等の編集及び刊行

⑸　その他前条の目的を達成するために必要な事業

第2章　会　員

（会員）

第4条　本会の会員は正会員、名誉会員及び賛助会員とする。

2　正会員は、本会の趣旨に賛同する者で、常任理事会の承認を得て所定の会費を納入した者とする。ただし、会費未納の年より会員の権利を失い、継続して2年間にわたって会費を未納の場合は、除籍とする。除籍者は除籍に至るまでの未納会費を全納することにより再入会の資格を得る。

3　名誉会員は、本会の運営に功績のあった者で、理事会が推薦し総会の承認を得た者とする。

4　賛助会員は、本会の事業に財政的援助をなした者で、常任理事会の承認を得た者とする。

（会員の権利）

第5条　正会員及び名誉会員は、次の権利を有する。

⑴　本会が主催する事業への参加

⑵　理事の選出

⑶　大会における研究発表

⑷　機関誌への投稿

⑸　機関誌、会員名簿及び大会プログラムの無償頒布

第3章　役員及び機関

（役員）

第6条　本会に次の役員を置く。

⑴　会長

⑵　副会長　　　　若干名

⑶　理事　　　　　若干名

⑷　常任理事　　　若干名

⑸　監事　　　　　　２名

　2　会長は、本会を代表し会務を総括する。

　3　副会長は、会長を補佐し、会長に事故あるときは、あらかじめ会長が定めた順序にしたがってその職務を代行する。

　4　理事は、本会の運営にあたる。

　5　常任理事は、会務の執行にあたる。

　6　監事は、本会の会計を監査する。

（役員の任期）

第7条　役員の任期は３年とし、再任を妨げない。

　2　補欠の役員の任期は、前任者の残任期間とする。

（役員の選出）

第8条　会長、副会長、常任理事及び監事は理事会で選考し、総会の承認を求めるものとする。

　2　理事は、各支部担当１名を含み会員の選挙によって選出する。選挙規程は別に定める。なお、会長が本会の運営上必要と認める場合は、総会の承認を得て理事を加えることができる。

（顧問）

第9条　本会に顧問を置くことができる。

　2　顧問は、会長が理事会の承認を得て委嘱する。

　3　顧問の任期は１年とし、再任を妨げない。

（機関）

第10条　本会に次の機関を置き、会長がこれを招集する。

　⑴　総会

　⑵　理事会

　⑶　常任理事会

　2　理事会は、必要な場合は委員会を設けることができる。

（総会）

第11条　総会は本会の最高議決機関であって、次の権限を有する。

　⑴　会長、副会長、常任理事及び監事の承認

　⑵　予算及び決算の承認

　⑶　本会の運営の基本方針の決定

　⑷　会則の改正

　⑸　その他本会の目的を達成する上で必要な重要事項の決定

　2　総会は、本会の会員をもって構成する。

　3　総会は、原則として毎年１回開催するものとする。必要があるときには、会長が臨時に総会を招集することができる。

　4　総会の議長は会長が指名した者が行う。

　5　総会の議事は、出席者及び委任状提出者の過半数をもって決する。

（理事会）

第12条　理事会は、総会に次ぐ審議機関とする。

　　2　理事会は、会長、副会長、理事及び常任理事をもって構成する。

　　3　第11条第4項及び第5項は理事会に準用する。

（常任理事会）

第13条　常任理事会は会務の執行を行う機関とする。

　　2　常任理事会は、会長、副会長及び常任理事をもって構成する。

　　3　第11条第4項及び第5項は常任理事会に準用する。

第4章　支　部

（支部）

第14条　本会は支部を設けることができる。

　　2　支部については別に定める。

第5章　機関誌

（機関誌）

第15条　本会の機関誌は、毎年1回発行するものとする。

第16条　前条の機関誌の編集にあたるため、会長は理事会の承認を得て編集委員を委嘱するものとする。

第6章　会　計

（年会費）

第17条　正会員は、毎年5月末までに当該年度の年会費を納入しなければならない。

　　2　年会費の額は総会において決定する。

　　　　（正会員は6,000円、学生会員〔現職をもたない学生〕は5,000円とする）

（会計年度）

第18条　本会の会計年度は、毎年4月1日に始まり、翌年3月31日に終わる。

第7章　事務局

（事務局）

第19条　常任理事会は会務執行を助けるために事務局を置く。

　　2　事務局は、常任理事会の指示を受けて本会の会務を処理する。

　　3　事務局には事務局長を置く。

　　4　事務局長は、会長が理事会の承認を得て委嘱する。

　　5　事務局長は、職務遂行に必要とする範囲で事務局監事を委嘱することができる。

第8章　改　正

（改正）

第20条　本会則の改正は、総会の議決による。

第9章　細　則

（細則）

第21条　本会の運営に必要な細則は、理事会の承認を得て会長が定める。

附　則

1　本会則は、2000年11月25日から施行する。

2　本会の設立当初の役員は、第8条の規定にかかわらず、設立総会において選出される。

3　設立当初の会計年度は、第18条の規定にかかわらず、設立総会の日から2001年3月31日までとする。

4　本会の事務局は、東京理科大学理学部教職課程教室に置く。

3．日本生徒指導学会役員選挙規程

2003年 5 月10日制定
2008年11月 8 日改定
2014年10月 4 日改定
2016年10月29日改定
2017年11月25日改定

第1条　本規程は日本生徒指導学会会則第6条（役員）、第7条（役員の任期）及び第8条（役員
　　　　の選出）に基づき、本学会役員を会員の中から選出する方法を定めることを目的とする。

第2条　理事の選挙は、全会員の無記名郵送投票による。

第3条　理事の選挙権、被選挙権は会員であることを資格条件とする。ただし、前年度までに本会
　　　　に入会し、会員期間中に年会費の未納がなく、役員選挙実施年度の会費納入期限までに当該
　　　　年度年会費を納入済みであることとする。

第4条　投票は、自支部1名以上を含む5名連記とする。ただし、5名以下の不完全連記も有効と
　　　　し、5名を超える連記の票は全員無効とする。

第5条　理事定員は、以下のとおりとする。

　　1．理事定員は20名（支部担当7名を含む）とし、この中に会長推薦理事若干名を含むことが
　　　　できる。

　　2．各支部ごとの最高得票者1名を支部担当理事とする。同点者が生じた場合は、選挙管理委
　　　　員会が抽選によって決定する。

　　3．支部担当理事以外に、全体の得票上位者と会長推薦者を合わせて13名を理事とする。また、
　　　　支部担当理事を含めた理事は、各支部の会員数に応じた割合で構成する。同点者が生じた場
　　　　合は、選挙管理委員会が抽選によって決定する。

　　4．支部の構成は次のとおりとする。
　　　　北海道・東北（北海道、青森、岩手、宮城、秋田、山形、福島）
　　　　関東（茨城、栃木、群馬、埼玉、千葉、東京、神奈川）
　　　　中部（新潟、富山、石川、福井、山梨、長野、岐阜、静岡、愛知）
　　　　近畿（三重、滋賀、京都、大阪、兵庫、奈良、和歌山）
　　　　中国（鳥取、島根、岡山、広島、山口）
　　　　四国（徳島、香川、愛媛、高知）
　　　　九州（福岡、佐賀、長崎、熊本、大分、宮崎、鹿児島、沖縄）

第6条　本規程によって選ばれた理事は、互選によって会長1名、副会長若干名、常任理事若干名
　　　　を決定するとともに、理事以外の会員の中から監事2名を選考するものとする。

第7条　理事に欠員または辞退が生じたときは、次点者をもって補い、その任期は前任者の残任期
　　　　間とする。

第8条　投票結果については全会員に通知するとともに、理事会において選考された各種役員につ
　　　　いては、当該年度総会において承認を得るものとする。

第9条　選挙管理委員会は常任理事会が委嘱し、委員の互選によって委員長を決定する。

附　則　1．本役員選挙規程の改正は、総会の議決による。
　　　　2．本役員選挙規程は、2017年11月25日から有効とする。

４．日本生徒指導学会役員 （任期：2018年11月17日〜2021年度総会）

〔会　長〕
　　森田　洋司（鳴門教育大学）

〔副会長〕
　　新井　　肇（関西外国語大学、近畿支部担当理事、機関誌編集委員長）
　　七條　正典（高松大学、学会賞選定委員長）
　　八並　光俊（東京理科大学、事務局長、広報委員長）

〔支部担当理事〕
　　北海道・東北支部　苅間澤勇人（会津大学）
　　関東支部　　　　　会沢　信彦（文教大学）
　　中部支部　　　　　水谷　明弘（名古屋産業大学）
　　近畿支部　　　　　新井　　肇（関西外国語大学、副会長、機関誌編集委員長）
　　中国支部　　　　　住野　好久（中国学園大学）
　　四国支部　　　　　阿形　恒秀（鳴門教育大学）

〔全国理事〕
　　桶谷　　守（京都教育大学名誉教授）　　　中村　　豊（東京理科大学）
　　坂田　　仰（日本女子大学）　　　　　　　野田　正人（立命館大学）
　　阪根　健二（鳴門教育大学、　　　　　　　山口　　満（筑波大学名誉教授）
　　　　　　　　関係団体等調査研究交流推進委員長）　山下　一夫（鳴門教育大学、
　　相馬　誠一（東京家政大学、　　　　　　　　　　　　　　　教職課程設置大学連携推進委員長）
　　　　　　　　いじめ・不登校等対策推進改善委員長）　若井　彌一（京都光華女子大学）
　　滝　　　充（国立教育政策研究所名誉所員、　若田　　透（枚方市立第一中学校）
　　　　　　　　生徒指導基盤研究開発推進委員長）

　　　　　　　　　　　　　　　　　　　　　　　　　　　※会長推薦理事含む

〔事務局長〕
　　八並　光俊（東京理科大学、副会長、広報委員長）

〔監　事〕
　　土田　雄一（千葉大学）　　　宮古　紀宏（国立教育政策研究所）

　　　　　　　　　　　　　　　　　　　　　　　　　　　※下線は、常任理事

5．日本生徒指導学会機関誌編集委員会関係

1．日本生徒指導学会機関誌編集規程

2001年11月11日制定
2012年11月10日改定

第1条　この規程は、日本生徒指導学会会則第16条に基づき、日本生徒指導学会機関誌の編集、発行の手続き等について定める。

第2条　機関誌の名称は、『生徒指導学研究』（The Japanese Journal of The Study of Guidance and Counseling）とする。

第3条　機関誌は、原則として1年に1回発行する。

第4条　機関誌には、生徒指導に関する未公刊の論文、研究報告、文献・資料紹介、学会会務報告、その他会員の研究活動についての記事を編集掲載する。

第5条　機関誌の編集のために、編集委員会を置く。編集委員会は会長の委嘱する委員若干名によって構成する。構成員の任期は3年とする。但し、再任は妨げない。

第6条　編集委員の互選により編集委員会委員長と常任委員若干名を置くことができる。

第7条　編集事務を担当するため編集委員会事務局を組織し、編集幹事若干名を置くことができる。編集幹事は編集委員会が委嘱する。

第8条　機関誌に論文の掲載を希望する会員は、別に定める「『生徒指導学研究』投稿要領」に従うものとする。

第9条　投稿された論文の採否については、編集委員の合議によるものとする。

　　2　編集委員会が必要と認めるときは、編集委員会委員以外の会員に審査を依頼することができる。

第10条　採択された論文の形式、内容について編集委員会で軽微な変更を加えることがある。但し、内容に関して重要な変更を加える場合は、執筆者との協議を経るものとする。

第11条　論文等の印刷に関して、図版等で特に経費を必要とする場合は、その費用の一部を執筆者の負担とすることができる。

附　則　この規程は、2001年11月11日から施行する。

2．『生徒指導学研究』投稿要領

2001年11月11日制定
2004年11月20日改定
2008年11月8日改定
2009年11月7日改定
2010年11月6日改定
2011年11月5日改定
2013年11月9日改定
2017年11月25日改定

1．投稿は、生徒指導に関する研究論文、実践研究報告とする。

投稿論文の分類は次のとおりとする（分類は投稿者が選ぶが、審査により他の領域に移る場合もある）。

・研究論文：生徒指導の理論・調査・実践に関する論文。研究論文は、①先行研究の検討、②具体的な方法、③結果と考察・今後の課題、④参考文献の適切な引用及び明示がなされており、新しい知見が提案されているもの。

・実践研究報告：生徒指導の実践・事例等に関する報告。なお、問題提起・考察がなされ、実践内容及び検討事例そのものに先見性や新たな視点がみられるもの。

2．投稿論文は未発表のものに限る。他の学会や大学、教育センター等の研究紀要・論文集・報告書等の掲載論文及び投稿中の論文は不可とする。

3．投稿者は、投稿論文で紹介する事例等における関係者のプライバシーの保護に十分配慮すること。

4．投稿者は、本会会員に限る。共同研究の場合は執筆者全員が会員でなければならない。また、投稿申込年度および当該論文が掲載される年度の年会費が未納の場合は、審査を行わない。なお、投稿本数に関しては、単著、または共著の筆頭の場合は、１本までとする。共著で筆頭でなければ、複数投稿可とする。

5．投稿申込および原稿締切はHP上で広報するが、概ね以下のとおりとする。

○投稿申込日　　毎年１月末日
○原稿締切日　　毎年３月末日
○発　　　行　　毎年11月

6．原稿はB5版用紙を使用し、１ページあたりの分量を21字×40行×２段とし、モノクロ、最大10ページ（註：図版・文献等を含める）とする。

7．原稿には、英文タイトル、５つ以内のキーワード、415字以内の和文要約をつける。また、投稿者の氏名及び所属は記載しない。

8．原稿は６部（コピー可）提出する。掲載が認められた場合には電子データを提出する。なお、原稿は返却しない。

9．原稿のほかに表紙を１部提出する。表紙には、①研究論文か実践研究報告かの別（他領域での掲載の可否について明記する）、②論文タイトル、③英文タイトル、④氏名（フリガナ）、⑤所属、⑥連絡先（郵便番号、住所、電話、FAX、e-mailアドレス）を明記する。

10．論文の文体は「である」調とし、常用漢字、現代かなづかいを用いる。

11．参考文献・引用文献は、「文献」として本文の後にまとめて記載し、文献の著者・執筆者名のアルファベット順に配列する。文献の年号は初版の刊行年（西暦）とする。表記は次ページの例示による。引用文献については、引用箇所の当該ページを示す。参考文献はその限りではない。なお、本文中の表記は、名字（西暦出版年）とする。

記載例：

＜単著本の場合＞

東京太郎（2017）『本タイトル』○○出版　pp.137-138

＜章の場合＞

大阪次郎（1999）「第３章　タイトル」編者『本タイトル』○○出版　pp.124-168

＜論文の場合＞

福岡三郎（2013）「論文タイトル」『研究誌タイトル』第32号　pp.130-139

＜外国文献の場合＞

Bruner,J.S.（1990）：*Acts of Meaning*. Harvard University Press, Cambridge.

（岡本夏木・仲渡一美・吉村啓子 訳『意味の復権』ミネルヴァ書房 1999）

　　＊図書のタイトルはイタリック

Juvonen,J.,& Gross,E.F.（2008）：Extending the school grounds? Bullying experiences in cyber-space. *Journal of School Health,78*, pp.496-505.

　　＊雑誌のタイトルと巻号はイタリック

＜新聞記事の場合＞

日本経済新聞「社説」2016年12月23日付朝刊 12（3）

白河桃子「格差時代の婚活」『朝日新聞』2008年6月2日付朝刊 13（21）

　　＊朝刊夕刊などの別、版、面を示す

＜WEBに掲載された資料等の場合＞

文部科学省（2011）「教職員のための子どもの健康相談及び保健指導の手引」

<http://www.mext.go.jp/a_menu/kenko/hoken/1309933.htm>（2017年4月3日最終アクセス）

12. 投稿論文の送付は、簡易書留など手元に送付記録が残る方法で行う。

13. 原稿は、投稿申込受付後に指定する投稿先宛に送付するものとする。

14. 投稿された原稿の掲載の採否は、編集委員会の合議によって決定する。査読の結果、内容の変更を求めることがある。

３．日本生徒指導学会機関誌編集委員会

委 員 長：新井　　肇（関西外国語大学）

委　　員：会沢　信彦（文教大学）　　　　　七條　正典（高松大学）

　　　　　池田　　忠（京都市教育委員会）　住野　好久（中国学園大学）

　　　　　犬塚　文雄（名古屋学院大学）　　林　　泰成（上越教育大学）

　　　　　片山　紀子（京都教育大学）　　　宮古　紀宏（国立教育政策研究所）

　　　　　城戸　　茂（愛媛大学）　　　　　森嶋　昭伸

　　　　　小坂　浩嗣（鳴門教育大学）　　　八並　光俊（東京理科大学）

　　　　　阪根　健二（鳴門教育大学）

編集幹事：会沢　信彦（文教大学）　　　　　住野　好久（中国学園大学）

　　　　　　　　　　　　　　　　　　　　※下線は、常任編集委員

編 集 後 記

　日本生徒指導学会機関誌『生徒指導学研究』第17号をお届けします。本号は、特集論文、研究論文、書評、資料紹介、学会会務報告から構成されています。

　今回の「特集：新学習指導要領と生徒指導」は、新しい学習指導要領が小学校は2020年度、中学校は21年度、高等学校は22年度から全面実施となることを受け、これからの生徒指導に求められる方向性と課題について検討するために企画されたものです。今回の改訂の大きなテーマである、「何を知っているか」だけでなく、その知識を使って「どのように問題解決を成し遂げるか」までを学力と見なす「学力観」の拡張の中で、生徒指導および関連諸領域はどのような役割を果たすことができるのか、また、そのような「資質・能力」の育成を目指す上で生徒指導の課題はどこにあるのか、そのために生徒指導学会としてどのような貢献が可能なのか、という点について明らかにするために、３名の方にご執筆をお願いいたしました。お忙しい中、快くご執筆賜り貴重な論考をお寄せいただきましたことに深く感謝申し上げます。

　投稿論文に関しましては、12本の申し込みがあり、「研究論文」３本が掲載可となりましたが、「実践研究報告」には残念ながら掲載に至る論文がありませんでした。今回論文が掲載されなかった方、投稿を見合わせた方の次号への投稿を期待します。また、ご多忙の中、査読にご協力いただいた査読者の皆様に心より御礼申し上げます。

　編集委員会では、投稿論文数を増やし、かつ研究の質を高めるために、「研究論文」と「実践研究報告」の区分の明確化、引用文献の記載方法の統一など、投稿規定の見直しを行いました。改定した投稿要領は本号に掲載されていますので、ご覧ください。『生徒指導学研究』の充実のために、会員の皆様からの忌憚のないご意見やご要望をお待ちしております。どうぞ、当編集委員会または学会事務局までお寄せくださいますようお願い申し上げます。

　最後になりましたが、編集委員会の皆様、ならびに編集をご担当いただきました編集幹事の会沢信彦氏、住野好久氏の両理事、また事務局としてサポートいただいた八並光俊氏にこの場をお借りして厚く御礼申し上げます。

＜生徒指導学研究・第17号＞

2018年11月18日発行

編　集　日本生徒指導学会機関誌編集委員会　委員長／新井肇（関西外国語大学）

発行者　日本生徒指導学会　会長／森田洋司

学会事務局　〒162-8601　東京都新宿区神楽坂1-3　東京理科大学理学部第一部　八並研究室内
　　　　　　E-mail：jagc.sec@gmail.com
　　　　　　郵便振替口座番号　00110-7-670218
　　　　　　ホームページ：http://www.jagc.jpn.org/

発行所　学事出版株式会社
　　　　〒101-0021　東京都千代田区外神田2-2-3
　　　　☎03-3255-5471　FAX 03-5256-0538　http://www.gakuji.co.jp